项目一　汽车维修手工工具的选用及使用

任务名称	任务一　扳手的选用及使用		
班级		姓名	
地点		日期	

一、收集信息

【引导问题】

1. 在汽车修理中，为了更换螺栓、螺母或拆下其他零件，通常使用_____扳手、_____扳手或_____扳手。

2. 认识汽车维修常用扳手：

<table>
<tr><td rowspan="8">

a)　　　　b)　　　　c)　　　　d)

e)　　　　f)　　　　g)　　　　h)

</td><td>序　号</td><td>名　称</td></tr>
<tr><td>a</td><td></td></tr>
<tr><td>b</td><td></td></tr>
<tr><td>c</td><td></td></tr>
<tr><td>d</td><td></td></tr>
<tr><td>e</td><td></td></tr>
<tr><td>f</td><td></td></tr>
<tr><td>g</td><td></td></tr>
<tr><td>h</td><td></td></tr>
</table>

【查阅资料】

1. _____扳手适应性强，扳转力大，适用于拆装所处空间狭小的螺栓或螺母。

2. _____扳手既适合一般部位螺栓或螺母的拆装，也适合处于深凹部位和隐蔽狭小部位螺栓或螺母的拆装。

3. _____扳手是一种可读出所施力矩大小的专用工具，常用的有指针式和力矩预置式两种。

二、计划组织

小组组别	
设备工具	各类扳手
组织安排	一组四人：A负责工具清洁整理；B负责传递工具及清洁整理；C负责工具操作及清洁整理；D负责记录。各任务间轮换角色
准备工作	检查安全环保措施、熟悉布置工作场景

三、任务实施

作业内容		质量要求	完成情况
梅花扳手的使用	梅花扳手的正确操作		□完成　□未完成
	梅花扳手的应用场合		□完成　□未完成
	梅花扳手的使用注意事项		□完成　□未完成
呆扳手的使用	呆扳手的正确操作		□完成　□未完成
	呆扳手的应用场合		□完成　□未完成
	呆扳手的使用注意事项		□完成　□未完成
活扳手的使用	活扳手的正确操作		□完成　□未完成
	活扳手的应用场合		□完成　□未完成
	活扳手的使用注意事项		□完成　□未完成
套筒扳手的使用	套筒扳手的正确操作		□完成　□未完成
	套筒扳手的应用场合		□完成　□未完成
	套筒扳手的使用注意事项		□完成　□未完成
扭力扳手的使用	扭力扳手的正确操作		□完成　□未完成
	扭力扳手的应用场合		□完成　□未完成
	扭力扳手的使用注意事项		□完成　□未完成

四、评价反思

在教师的指导下，反思自己的工作方式和工作质量。

评　价　表			
项　　目	评价指标	自　评	互　评
专业技能	认识各类扳手的结构及熟知工作要求	□合格　□不合格	□合格　□不合格
	按质量要求完成扳手作业内容	□合格　□不合格	□合格　□不合格
	完整填写工作页	□合格　□不合格	□合格　□不合格
工作态度	着装规范，符合职业要求	□合格　□不合格	□合格　□不合格
	正确查阅维修资料和学习材料	□合格　□不合格	□合格　□不合格
	分工明确、配合默契	□合格　□不合格	□合格　□不合格
个人反思		完成任务的质量、时间是否达到最佳程度，是否符合安全操作规范和5S要求，请提出个人改进建议	
教师评价	教师签字： 日　　期：	成绩 □合格　□不合格	

任 务 名 称	**任务二　螺钉旋具的选用及使用**		
班级		姓名	
地点		日期	

一、收集信息

【引导问题】

1. 螺钉旋具常用的有_____、_____等；按握柄材料分，常用的有_____、_____和_____等。

2. 认识螺钉旋具的截面形状：

序　　号	名　　称
a	
b	
c	
d	
e	
f	
g	
h	
i	
j	

a) b) c) d) e)

f) g) h) i) j)

【查阅资料】

1. _____螺钉旋具可以应用于十字螺钉，十字螺钉拥有较强的抗变形能力。

2. _____螺钉旋具可分为穿透螺钉旋具、短柄螺钉旋具、方柄螺钉旋具和精密螺钉旋具4种类型。

二、计划组织

小 组 组 别	
设 备 工 具	各类螺钉旋具
组 织 安 排	一组四人：A负责工具清洁整理；B负责传递工具及清洁整理；C负责工具操作及清洁整理；D负责记录。各任务间轮换角色
准 备 工 作	检查安全环保措施、熟悉布置工作场景

三、任务实施

作业内容		质量要求	完成情况
一字螺钉旋具的使用	一字螺钉旋具的正确操作		□完成　□未完成
	一字螺钉旋具的应用场合		□完成　□未完成
	一字螺钉旋具的使用注意事项		□完成　□未完成
十字螺钉旋具的使用	十字螺钉旋具的正确操作		□完成　□未完成
	十字螺钉旋具的应用场合		□完成　□未完成
	十字螺钉旋具的使用注意事项		□完成　□未完成

四、评价反思

在教师的指导下，反思自己的工作方式和工作质量。

评 价 表			
项　　目	评价指标	自　评	互　评
专业技能	认识各类螺钉旋具的结构及熟知工作要求	□合格　□不合格	□合格　□不合格
	按质量要求完成螺钉旋具作业内容	□合格　□不合格	□合格　□不合格
	完整填写工作页	□合格　□不合格	□合格　□不合格
工作态度	着装规范，符合职业要求	□合格　□不合格	□合格　□不合格
	正确查阅维修资料和学习材料	□合格　□不合格	□合格　□不合格
	分工明确、配合默契	□合格　□不合格	□合格　□不合格
个人反思		完成任务的质量、时间是否达到最佳程度，是否符合安全操作规范和5S要求，请提出个人改进建议	
教师评价	教师签字： 日　　期：	成绩	
		□合格　□不合格	

任 务 名 称	任务三 钳子的选用及使用		
班级		姓名	
地点		日期	

一、收集信息

【引导问题】

1. 钳子在汽车维修过程中起到_____、_____和_____等作用。

2. 认识钳子的类型：

序　号	名　　称
a)	
b)	
c)	
d)	
e)	
f)	

【查阅资料】

1. _____主要用来剪切线径较细的机件或线束，以及给导线接头、剥塑料绝缘层等，能在较狭小的工作空间操作。

2. _____是用来把卡在孔间或者轴上的用来防止机件轴向窜动的定位卡簧取出或者安装时使用的专用工具。

二、计划组织

小 组 组 别	
设 备 工 具	各类钳子
组 织 安 排	一组四人：A负责工具清洁整理；B负责传递工具及清洁整理；C负责工具操作及清洁整理；D负责记录。各任务间轮换角色
准 备 工 作	检查安全环保措施、熟悉布置工作场景

三、任务实施

作业内容		质 量 要 求	完 成 情 况
钢丝钳的使用	钢丝钳的正确操作		□完成　□未完成
	钢丝钳的应用场合		□完成　□未完成
	钢丝钳的使用注意事项		□完成　□未完成
尖嘴钳的使用	尖嘴钳的正确操作		□完成　□未完成
	尖嘴钳的应用场合		□完成　□未完成
	尖嘴钳的使用注意事项		□完成　□未完成

（续）

作业内容		质量要求	完成情况
鲤鱼钳的使用	鲤鱼钳的正确操作		□完成　□未完成
	鲤鱼钳的应用场合		□完成　□未完成
	鲤鱼钳的使用注意事项		□完成　□未完成
剥线钳的使用	剥线钳的正确操作		□完成　□未完成
	剥线钳的应用场合		□完成　□未完成
	剥线钳的使用注意事项		□完成　□未完成
管子钳的使用	管子钳的正确操作		□完成　□未完成
	管子钳的应用场合		□完成　□未完成
	管子钳的使用注意事项		□完成　□未完成
大力钳的使用	大力钳的正确操作		□完成　□未完成
	大力钳的应用场合		□完成　□未完成
	大力钳的使用注意事项		□完成　□未完成
卡簧钳的使用	卡簧钳的正确操作		□完成　□未完成
	卡簧钳的应用场合		□完成　□未完成
	卡簧钳的使用注意事项		□完成　□未完成

四、评价反思

在教师的指导下，反思自己的工作方式和工作质量。

评　价　表			
项　目	评价指标	自　评	互　评
专业技能	认识各类钳子的结构及熟知工作要求	□合格　□不合格	□合格　□不合格
	按质量要求完成钳子作业内容	□合格　□不合格	□合格　□不合格
	完整填写工作页	□合格　□不合格	□合格　□不合格
工作态度	着装规范，符合职业要求	□合格　□不合格	□合格　□不合格
	正确查阅维修资料和学习材料	□合格　□不合格	□合格　□不合格
	分工明确、配合默契	□合格　□不合格	□合格　□不合格
个人反思		完成任务的质量、时间是否达到最佳程度，是否符合安全操作规范和5S要求，请提出个人改进建议	
教师评价	教师签字： 日　期：	成绩	
		□合格　□不合格	

任务名称		任务四　剪切设备的选用及使用		
班级		姓名		
地点		日期		

一、收集信息

【引导问题】

1. 汽车维修及板件剪切设备可分为_____、_____、_____及_____等。

2. 认识剪切设备的类型：

序　号	名　称
a)	
b)	
c)	
d)	

a)　　　　　b)　　　　　c)　　　　　d)

【查阅资料】

1. _____用来剪切各类薄钢板，适合各种形状的剪切。

2. _____用来剪切各类圆形或弧形板件。

3. 剪板机可分为_____式、_____式和_____式等。

4. _____是以电动机作为动力，通过传动机构驱动工作头进行剪切作业的手持式电动工具。

二、计划组织

小组组别	
设备工具	各类剪切设备
组织安排	一组四人：A负责工具清洁整理；B负责传递工具及清洁整理；C负责工具操作及清洁整理；D负责记录。各任务间轮换角色
准备工作	检查安全环保措施、熟悉布置工作场景

三、任务实施

作业内容		质量要求	完成情况
直剪刀的使用	直剪刀的正确操作		□完成　□未完成
	直剪刀的应用场合		□完成　□未完成
	直剪刀的使用注意事项		□完成　□未完成

（续）

作业内容		质量要求	完成情况
弯剪刀的使用	弯剪刀的正确操作		□完成 □未完成
	弯剪刀的应用场合		□完成 □未完成
	弯剪刀的使用注意事项		□完成 □未完成
剪板机的使用	剪板机的正确操作		□完成 □未完成
	剪板机的应用场合		□完成 □未完成
	剪板机的使用注意事项		□完成 □未完成
电动剪刀的使用	电动剪刀的正确操作		□完成 □未完成
	电动剪刀的应用场合		□完成 □未完成
	电动剪刀的使用注意事项		□完成 □未完成

四、评价反思

在教师的指导下，反思自己的工作方式和工作质量。

评 价 表			
项　目	评价指标	自　评	互　评
专业技能	认识各类剪切设备的结构及熟知工作要求	□合格　□不合格	□合格　□不合格
	按质量要求完成剪切设备作业内容	□合格　□不合格	□合格　□不合格
	完整填写工作页	□合格　□不合格	□合格　□不合格
工作态度	着装规范，符合职业要求	□合格　□不合格	□合格　□不合格
	正确查阅维修资料和学习材料	□合格　□不合格	□合格　□不合格
	分工明确、配合默契	□合格　□不合格	□合格　□不合格
个人反思		完成任务的质量、时间是否达到最佳程度，是否符合安全操作规范和5S要求，请提出个人改进建议	
教师评价	教师签字： 日　期：	成绩	
		□合格　□不合格	

任 务 名 称	任务五　锤子的选用及使用	
班级		姓名
地点		日期

一、收集信息

【引导问题】

1. 锤子是用于敲击或锤打物体的手工工具，由_____和_____两部分组成。

2. 认识各类锤子的类型：

序　号	名　称
a)	
b)	
c)	
d)	
e)	
f)	
g)	
h)	
i)	
j)	
k)	
l)	
m)	

a)　　b)　　c)　　d)
按锤子的材质分类

e)　　f)　　g)
按锤子的手柄分类

h)　i)　j)　k)　l)　m)
按锤子的使用场合分类

【查阅资料】

1. _____的一端或两端的锤击面均经过充分的热处理，硬度很高。

2. _____多用胡桃木、槐木等硬质木材制成，其优点是弹韧性好，但易受气候影响，伸缩性大。

3. _____用于维修小的凹陷，其尖端用于将凹陷从内部锤出，使用时对中心部位柔和地轻打即可。其平端与顶铁配合作业，可用于去除高点和波纹。

4. _____主要用于敲击凹凸不平、薄而宽的金属工件，使之表面平整。其錾口还可敲制翻边或使金属薄件做纵向或横向的延伸。

二、计划组织

小组组别	
设备工具	各类锤子
组织安排	一组四人：A负责工具清洁整理；B负责传递工具及清洁整理；C负责工具操作及清洁整理；D负责记录。各任务间轮换角色
准备工作	检查安全环保措施、熟悉布置工作场景

三、任务实施

	作业内容	质量要求	完成情况
球头锤的使用	球头锤的正确操作		□完成　□未完成
	球头锤的应用场合		□完成　□未完成
	球头锤的使用注意事项		□完成　□未完成
錾口锤的使用	錾口锤的正确操作		□完成　□未完成
	錾口锤的应用场合		□完成　□未完成
	錾口锤的使用注意事项		□完成　□未完成
精修锤的使用	精修锤的正确操作		□完成　□未完成
	精修锤的应用场合		□完成　□未完成
	精修锤的使用注意事项		□完成　□未完成
钳工锤的使用	钳工锤的正确操作		□完成　□未完成
	钳工锤的应用场合		□完成　□未完成
	钳工锤的使用注意事项		□完成　□未完成

四、评价反思

在教师的指导下，反思自己的工作方式和工作质量。

评价表			
项　目	评价指标	自　评	互　评
专业技能	认识各类锤子的结构及熟知工作要求	□合格　□不合格	□合格　□不合格
	按质量要求完成锤子作业内容	□合格　□不合格	□合格　□不合格
	完整填写工作页	□合格　□不合格	□合格　□不合格
工作态度	着装规范，符合职业要求	□合格　□不合格	□合格　□不合格
	正确查阅维修资料和学习材料	□合格　□不合格	□合格　□不合格
	分工明确、配合默契	□合格　□不合格	□合格　□不合格
个人反思		完成任务的质量、时间是否达到最佳程度，是否符合安全操作规范和5S要求，请提出个人改进建议	
教师评价	教师签字： 日　　期：	成绩	
		□合格　□不合格	

项目二 汽车维修电动工具的选用及使用

任 务 名 称	任务一　手电钻的选用及使用		
班级		姓名	
地点		日期	

一、收集信息

【引导问题】

1. 手电钻电源电压一般有_____ V 和_____ V 两种。

2. 手持式钻孔工具主要由钻夹头、输出轴、_____、_____、_____、机壳、开关和电缆线组成。

3. 手电钻按驱动形式分为_____和_____两种。

【查阅资料】

1. 电动工具要使用_____插头，并确保插座已连接好_____。

2. 手电钻操作步骤依次为_____、_____、_____、_____。

二、计划组织

小 组 组 别	
设 备 工 具	各类手电钻
组 织 安 排	一组四人：A 负责工具清洁整理；B 负责传递工具及清洁整理；C 负责工具操作及清洁整理；D 负责记录。各任务间轮换角色
准 备 工 作	检查安全环保措施、熟悉布置工作场景

三、任务实施

作业内容		质量要求	完成情况
手电钻的使用	手电钻的正确安装操作		□完成　□未完成
	手电钻孔正确标记操作		□完成　□未完成
	手电钻的正确钻孔操作		□完成　□未完成
	手电钻的正确收钻操作		□完成　□未完成

四、评价反思

在教师的指导下，反思自己的工作方式和工作质量。

评 价 表			
项　　目	评价指标	自　评	互　评
专业技能	认识各类手电钻的结构及熟知工作要求	□合格　□不合格	□合格　□不合格
	按质量要求完成手电钻作业内容	□合格　□不合格	□合格　□不合格
	完整填写工作页	□合格　□不合格	□合格　□不合格

（续）

评　价　表			
项　　目	评　价　指　标	自　　评	互　　评
工作态度	着装规范，符合职业要求	□合格　□不合格	□合格　□不合格
	正确查阅维修资料和学习材料	□合格　□不合格	□合格　□不合格
	分工明确、配合默契	□合格　□不合格	□合格　□不合格
个人反思		完成任务的质量、时间是否达到最佳程度，是否符合安全操作规范和5S要求，请提出个人改进建议	
教师评价	教师签字： 日　　期：	成绩	
		□合格　□不合格	

任 务 名 称	任务二　砂轮机的选用及使用		
班级		姓名	
地点		日期	

一、收集信息

【引导问题】

1. 砂轮机主要用于_____、_____等。

2. 常见的砂轮机有_____砂轮机和_____砂轮机两种。

3. 根据所采用的材料不同，砂轮可分为_____砂轮和_____砂轮。

【查阅资料】

1. 手持砂轮机按砂轮直径分，常用的规格有 ϕ _____ mm、ϕ _____ mm、ϕ _____ mm三种。

2. 手持砂轮机主要应用于汽车维修中的_____。

二、计划组织

小 组 组 别	
设 备 工 具	各类砂轮机
组 织 安 排	一组四人：A负责工具清洁整理；B负责传递工具及清洁整理；C负责工具操作及清洁整理；D负责记录。各任务间轮换角色
准 备 工 作	检查安全环保措施、熟悉布置工作场景

三、任务实施

作业内容		质量要求	完成情况
砂轮机的使用	砂轮片的正确安装操作		□完成　□未完成
	砂轮片的拧紧固定操作		□完成　□未完成
	砂轮机的试机准备操作		□完成　□未完成
	砂轮机的正确打磨操作		□完成　□未完成

四、评价反思

在教师的指导下，反思自己的工作方式和工作质量。

评 价 表			
项　目	评价指标	自　评	互　评
专业技能	认识各类砂轮机的结构及熟知工作要求	□合格　□不合格	□合格　□不合格
	按质量要求完成砂轮机作业内容	□合格　□不合格	□合格　□不合格
	完整填写工作页	□合格　□不合格	□合格　□不合格

（续）

评 价 表			
项　目	评 价 指 标	自　评	互　评
工作态度	着装规范，符合职业要求	□合格　□不合格	□合格　□不合格
	正确查阅维修资料和学习材料	□合格　□不合格	□合格　□不合格
	分工明确、配合默契	□合格　□不合格	□合格　□不合格
个人反思		完成任务的质量、时间是否达到最佳程度，是否符合安全操作规范和5S要求，请提出个人改进建议	
教师评价	教师签字： 日　　期：	成绩	
		□合格　□不合格	

任 务 名 称	任务三　切割机的选用及使用		
班级		姓名	
地点		日期	

一、收集信息

【引导问题】

1. 金属切割机可分为_____、_____和_____。

2. 电动切割机的组成包括_____、_____、_____、_____，电动机安装在机座上，锯片为_____，垂直安装在工作台中间。

【查阅资料】

1. 切割工件应固定牢固，待切割机转动_____后，方可加工工件。

2. 切割机操作步骤依次为_____、_____、_____、_____和_____。

二、计划组织

小 组 组 别	
设 备 工 具	各类切割机
组 织 安 排	一组四人：A 负责工具清洁整理；B 负责传递工具及清洁整理；C 负责工具操作及清洁整理；D 负责记录。各任务间轮换角色
准 备 工 作	检查安全环保措施、熟悉布置工作场景

三、任务实施

	作业内容	质量要求	完成情况
切割机的使用	切割位置的准备操作		□完成　□未完成
	切割机的定位和锁紧操作		□完成　□未完成
	切割机的正确切割操作		□完成　□未完成
	切割机的清洁处理操作		□完成　□未完成

四、评价反思

在教师的指导下，反思自己的工作方式和工作质量。

评 价 表			
项　　目	评价指标	自　评	互　评
专业技能	认识各类切割机的结构及熟知工作要求	□合格　□不合格	□合格　□不合格
	按质量要求完成切割机作业内容	□合格　□不合格	□合格　□不合格
	完整填写工作页	□合格　□不合格	□合格　□不合格
工作态度	着装规范，符合职业要求	□合格　□不合格	□合格　□不合格
	正确查阅维修资料和学习材料	□合格　□不合格	□合格　□不合格
	分工明确、配合默契	□合格　□不合格	□合格　□不合格

（续）

评 价 表			
项　　目	评 价 指 标	自　评	互　评
个人反思		完成任务的质量、时间是否达到最佳程度，是否符合安全操作规范和5S要求，请提出个人改进建议	
教师评价	教师签字： 日　　期：	成绩	
		□合格　□不合格	

任 务 名 称	任务四　抛光机的选用及使用		
班级		姓名	
地点		日期	

一、收集信息

【引导问题】

1. 抛光机又称_____，主要用途是对物体的表面进行_____和_____。

2. 常用研磨抛光耗材有_____、_____、_____和_____等。

3. 抛光机的主要附件是_____。抛光盘安装在抛光机上，与研磨剂或抛光剂共同作用完成_____和_____作业。

【查阅资料】

1. 抛光操作人员不得将抛光机_____于漆面施工，应将抛光机_____于漆面，给抛光机施加均衡的_____。

2. 抛光作业分为_____（大多在整车上进行）和_____（大多在局部位置进行）。

二、计划组织

小组组别	
设备工具	各类抛光机
组织安排	一组四人：A负责工具清洁整理；B负责传递工具及清洁整理；C负责工具操作及清洁整理；D负责记录。各任务间轮换角色
准备工作	检查安全环保措施、熟悉布置工作场景

三、任务实施

作业内容		质量要求	完成情况
抛光机的使用	抛光机的抛光准备操作		□完成　□未完成
	抛光机的抛光路线设定		□完成　□未完成
	抛光机的抛光实践操作		□完成　□未完成

四、评价反思

在教师的指导下，反思自己的工作方式和工作质量。

评 价 表			
项　　目	评 价 指 标	自　评	互　评
专业技能	认识各类抛光机的结构及熟知工作要求	□合格　□不合格	□合格　□不合格
	按质量要求完成抛光机作业内容	□合格　□不合格	□合格　□不合格
	完整填写工作页	□合格　□不合格	□合格　□不合格

（续）

评 价 表			
项　目	评价指标	自　评	互　评
工作态度	着装规范，符合职业要求	□合格　□不合格	□合格　□不合格
	正确查阅维修资料和学习材料	□合格　□不合格	□合格　□不合格
	分工明确、配合默契	□合格　□不合格	□合格　□不合格
个人反思		完成任务的质量、时间是否达到最佳程度，是否符合安全操作规范和5S要求，请提出个人改进建议	
教师评价	教师签字： 日　期：	成绩	
		□合格　□不合格	

项目三 汽车维修气动工具的选用及使用

任 务 名 称	任务一　气动扳手的选用及使用		
班级		姓名	
地点		日期	

一、收集信息

【引导问题】

1. 气动扳手一般分为两类,一类是常规扳手,也就是普通的_____扳手,一类是_____扳手,两者的区别为前者不能定力矩,而后者可以。

2. 气动扳手又称_____扳手,它主要是利用_____拧紧螺钉、螺母。

【查阅资料】

1. 气动扳手被广泛应用于各种场合,例如汽车修理、重型设备维修、产品装配等。

2. 进入气动扳手的压缩空气应_____。

二、计划组织

小组组别	
设备工具	各类气动扳手
组织安排	一组四人:A负责工具清洁整理;B负责传递工具及清洁整理;C负责工具操作及清洁整理;D负责记录。各任务间轮换角色
准备工作	检查安全环保措施、熟悉布置工作场景

三、任务实施

作业内容		质量要求	完成情况
气动扳手的使用	气动扳手气管接头的正确操作		□完成　□未完成
	气动扳手旋钮的调节		□完成　□未完成
	气动扳手的正确操作		□完成　□未完成

四、评价反思

在教师的指导下,反思自己的工作方式和工作质量。

评 价 表			
项　　目	评价指标	自　评	互　评
专业技能	认识各类气动扳手的结构及熟知工作要求	□合格　□不合格	□合格　□不合格
	按质量要求完成气动扳手作业内容	□合格　□不合格	□合格　□不合格
	完整填写工作页	□合格　□不合格	□合格　□不合格

（续）

评 价 表			
项　目	评 价 指 标	自　评	互　评
工作态度	着装规范，符合职业要求	□合格　□不合格	□合格　□不合格
	正确查阅维修资料和学习材料	□合格　□不合格	□合格　□不合格
	分工明确、配合默契	□合格　□不合格	□合格　□不合格
个人反思		完成任务的质量、时间是否达到最佳程度，是否符合安全操作规范和5S要求，请提出个人改进建议	
教师评价	教师签字： 日　　期：	成绩	
		□合格　□不合格	

任 务 名 称	任务二　气动打磨机的选用及使用		
班级		姓名	
地点		日期	

一、收集信息

【引导问题】

1. 气动打磨机主要用于＿＿＿＿＿＿、＿＿＿＿＿＿＿＿及＿＿＿＿＿＿＿＿＿＿＿。

2. 常见的气动打磨机有＿＿＿＿＿＿打磨机和＿＿＿＿＿＿＿打磨机两种。

3. 打磨机具有强力的＿＿＿＿＿＿效果，可以长时间使用。

【查阅资料】

1. 带式打磨机主要用于＿＿＿＿＿＿＿＿＿＿＿＿＿＿＿＿＿＿。

2. 盘式打磨机主要用于＿＿＿＿＿＿＿＿＿＿等。

3. 盘式打磨机打磨时用的砂轮片粒度通常为＿＿＿＿＿＿#、＿＿＿＿＿＿#或＿＿＿＿＿＿#等，一般常用的是＿＿＿＿＿＿#。

二、计划组织

小 组 组 别	
设 备 工 具	各类气动打磨机
组 织 安 排	一组四人：A 负责工具清洁整理；B 负责传递工具及清洁整理；C 负责工具操作及清洁整理；D 负责记录。各任务间轮换角色
准 备 工 作	检查安全环保措施、熟悉布置工作场景

三、任务实施

	作 业 内 容	质 量 要 求	完 成 情 况
气动打磨机的使用	起始部位的打磨操作		□完成　□未完成
	受损严重部位的打磨操作		□完成　□未完成
	中间部位的打磨操作		□完成　□未完成
	打磨部位的清洁处理		□完成　□未完成

四、评价反思

在教师的指导下，反思自己的工作方式和工作质量。

评 价 表			
项　　目	评 价 指 标	自　评	互　评
专业技能	认识各类气动打磨机的结构及熟知工作要求	□合格　□不合格	□合格　□不合格
	按质量要求完成气动打磨机作业内容	□合格　□不合格	□合格　□不合格
	完整填写工作页	□合格　□不合格	□合格　□不合格

（续）

评 价 表			
项　　目	评 价 指 标	自　　评	互　　评
工作态度	着装规范，符合职业要求	□合格　□不合格	□合格　□不合格
	正确查阅维修资料和学习材料	□合格　□不合格	□合格　□不合格
	分工明确、配合默契	□合格　□不合格	□合格　□不合格
个人反思		完成任务的质量、时间是否达到最佳程度，是否符合安全操作规范和5S要求，请提出个人改进建议	
教师评价	教师签字： 日　　期：	成绩	
		□合格　□不合格	

任务名称	任务三　气动锯的选用及使用		
班级		姓名	
地点		日期	

一、收集信息

【引导问题】

1. 气动锯利用_____作为动力。

2. 气动锯的锯条只有一端装在锯身上实现锯割作业，由于_____，切割缝可以无限延长。

3. 气动锯主要由_____、_____、_____和_____等部分组成。

【查阅资料】

1. 气动锯具有_____、_____、_____等优点。

2. 气动锯条的材质大多数为_____，也有_____，齿形有_____和_____。

二、计划组织

小组组别	
设备工具	各类气动锯
组织安排	一组四人：A负责工具清洁整理；B负责传递工具及清洁整理；C负责工具操作及清洁整理；D负责记录。各任务间轮换角色
准备工作	检查安全环保措施、熟悉布置工作场景

三、任务实施

作业内容		质量要求	完成情况
气动锯的使用	气动锯的安全防护操作		□完成　□未完成
	气动锯锯条的更换		□完成　□未完成
	气动锯的正确切割操作		□完成　□未完成
	切割部位的清洁处理		□完成　□未完成

四、评价反思

在教师的指导下，反思自己的工作方式和工作质量。

评价表			
项目	评价指标	自评	互评
专业技能	认识各类气动锯的结构及熟知工作要求	□合格　□不合格	□合格　□不合格
	按质量要求完成气动锯作业内容	□合格　□不合格	□合格　□不合格
	完整填写工作页	□合格　□不合格	□合格　□不合格

（续）

	评 价 表			
项　目	评 价 指 标	自　评		互　评
工作态度	着装规范，符合职业要求	□合格　□不合格		□合格　□不合格
	正确查阅维修资料和学习材料	□合格　□不合格		□合格　□不合格
	分工明确、配合默契	□合格　□不合格		□合格　□不合格
个人反思		完成任务的质量、时间是否达到最佳程度，是否符合安全操作规范和5S要求，请提出个人改进建议		
教师评价	教师签字： 日　　期：	成绩		
		□合格　□不合格		

项目四　常用测量工具的选用及使用

任务名称	任务一　常用测量尺的选用及使用		
班级		姓名	
地点		日期	

一、收集信息

【引导问题】

1. 钢卷尺主要由_____、_____和_____等组成。

2. _____用于确定两点（位置）间的距离，粗略地测量工件的长、宽、高、深、厚等几何尺寸。

3. _____是一种间接读数的量具，卡钳上不能直接读出尺寸，必须与钢直尺或其他刻度线量具配合测量。

4. 认识常用测量尺：

序　号	名　称
a)	
b)	
c)	
d)	
e)	

【查阅资料】

1. 游标卡尺是工业上常用的测量长度的工具，可直接用来测量工件的_____、_____、_____及_____等，测量精度较高。

2. 外径千分尺是一种比游标卡尺更精密的测量长度的工具，用它测量长度可以精确到_____mm。

二、计划组织

小组组别	
设备工具	各类常用测量尺
组织安排	一组四人：A负责工具清洁整理；B负责传递工具及清洁整理；C负责工具操作及清洁整理；D负责记录。各任务间轮换角色
准备工作	检查安全环保措施、熟悉布置工作场景

三、任务实施

作业内容		质量要求	完成情况
钢卷尺的使用	钢卷尺的正确操作		□完成　□未完成
	钢卷尺的应用场合		□完成　□未完成
	钢卷尺的使用注意事项		□完成　□未完成
钢直尺的使用	钢直尺的正确操作		□完成　□未完成
	钢直尺的应用场合		□完成　□未完成
	钢直尺的使用注意事项		□完成　□未完成
内外卡钳的使用	内外卡钳的正确操作		□完成　□未完成
	内外卡钳的应用场合		□完成　□未完成
	内外卡钳的使用注意事项		□完成　□未完成
游标卡尺的使用	游标卡尺的正确操作		□完成　□未完成
	游标卡尺的应用场合		□完成　□未完成
	游标卡尺的使用注意事项		□完成　□未完成
外径千分尺的使用	外径千分尺的正确操作		□完成　□未完成
	外径千分尺的应用场合		□完成　□未完成
	外径千分尺的使用注意事项		□完成　□未完成

四、评价反思

在教师的指导下，反思自己的工作方式和工作质量。

评 价 表			
项　　目	评价指标	自　评	互　评
专业技能	认识各类常用测量尺的结构及熟知工作要求	□合格　□不合格	□合格　□不合格
	按质量要求完成常用测量尺作业内容	□合格　□不合格	□合格　□不合格
	完整填写工作页	□合格　□不合格	□合格　□不合格
工作态度	着装规范，符合职业要求	□合格　□不合格	□合格　□不合格
	正确查阅维修资料和学习材料	□合格　□不合格	□合格　□不合格
	分工明确、配合默契	□合格　□不合格	□合格　□不合格
个人反思		完成任务的质量、时间是否达到最佳程度，是否符合安全操作规范和5S要求，请提出个人改进建议	
教师评价	教师签字： 日　　期：	成绩	
		□合格　□不合格	

任 务 名 称	任务二　专用测量尺的选用及使用		
班级		姓名	
地点		日期	

一、收集信息

【引导问题】

1. 塞尺有_____、_____和_____三种基本形式。

2. 塑料线间隙规可以快速检查_____和_____的游隙。

3. 伸缩规主要用于测量_____部件的尺寸。

4. 内卡规一般有_____ mm、_____ mm、_____ mm 三种量程的规格。

5. 认识专用测量尺：

序　号	名　　称
a)	
b)	
c)	
d)	

【查阅资料】

1. 塞尺又常用来测量_____。

2. 内卡规一般由_____、_____、_____和_____组成。

二、计划组织

小组组别	
设备工具	各类专用测量尺
组织安排	一组四人：A 负责工具清洁整理；B 负责传递工具及清洁整理；C 负责工具操作及清洁整理；D 负责记录。各任务间轮换角色
准备工作	检查安全环保措施、熟悉布置工作场景

三、任务实施

作业内容		质量要求	完成情况
塞尺的使用	塞尺的正确操作		□完成　□未完成
	塞尺的应用场合		□完成　□未完成
	塞尺的使用注意事项		□完成　□未完成

（续）

作业内容		质量要求	完成情况
塑料线间隙规的使用	塑料线间隙规的正确操作		□完成　□未完成
	塑料线间隙规的应用场合		□完成　□未完成
	塑料线间隙规的使用注意事项		□完成　□未完成
伸缩规的使用	伸缩规的正确操作		□完成　□未完成
	伸缩规的应用场合		□完成　□未完成
	伸缩规的使用注意事项		□完成　□未完成
内卡规的使用	内卡规的正确操作		□完成　□未完成
	内卡规的应用场合		□完成　□未完成
	内卡规的使用注意事项		□完成　□未完成

四、评价反思

在教师的指导下，反思自己的工作方式和工作质量。

评 价 表			
项　　目	评价指标	自　　评	互　　评
专业技能	认识各类专用测量尺的结构及熟知工作要求	□合格　□不合格	□合格　□不合格
	按质量要求完成专业测量尺作业内容	□合格　□不合格	□合格　□不合格
	完整填写工作页	□合格　□不合格	□合格　□不合格
工作态度	着装规范，符合职业要求	□合格　□不合格	□合格　□不合格
	正确查阅维修资料和学习材料	□合格　□不合格	□合格　□不合格
	分工明确、配合默契	□合格　□不合格	□合格　□不合格
个人反思		完成任务的质量、时间是否达到最佳程度，是否符合安全操作规范和5S要求，请提出个人改进建议	
教师评价	教师签字： 日　　期：	成绩	
		□合格　□不合格	

任 务 名 称	任务三　百分表的选用及使用		
班级		姓名	
地点		日期	

一、收集信息

【引导问题】

1. 百分表是一种精度较高的_____量具，它被广泛用于测量工件的_____和位置误差。

2. 百分表的构造主要由_____、_____、_____三个部分组成。

3. 内径百分表由_____、_____、_____、_____和一套长度不等的接杆等组成。

4. 认识百分表的构造：

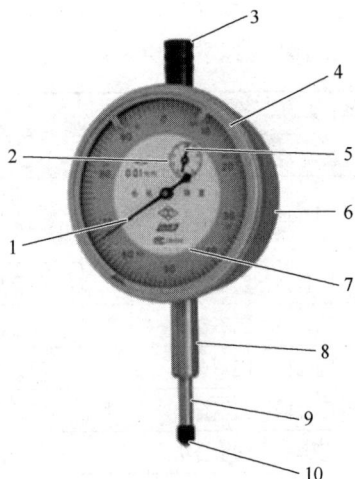

序　号	名　　称
1	
2	
3	
4	
5	
6	
7	
8	
9	
10	

【查阅资料】

1. 百分表的读数方法：先读小指针转过的_____（即毫米整数部分），再读_____转过的刻度线（即毫米小数部分），并乘以_____，然后两者相加，最后的得数即所测量的数值。

2. 百分表的维护应远离液体，不让_____、_____、水或_____与百分表接触。

3. 百分表在不使用时，要_____，使表解除其所有负荷，让测量杆处于_____状态。

二、计划组织

小组组别	
设备工具	各类百分表
组织安排	一组四人：A 负责工具清洁整理；B 负责传递工具及清洁整理；C 负责工具操作及清洁整理；D 负责记录。各任务间轮换角色
准备工作	检查安全环保措施、熟悉布置工作场景

三、任务实施

作业内容		质量要求	完成情况
百分表的测量	百分表的正确测量		□完成　□未完成
	百分表的正确读数		□完成　□未完成
	百分表的正确记录		□完成　□未完成
百分表的维护	百分表的正确使用		□完成　□未完成
	百分表的正确维护		□完成　□未完成

四、评价反思

在教师的指导下，反思自己的工作方式和工作质量。

评价表			
项　目	评价指标	自　评	互　评
专业技能	认识各类百分表的结构及熟知工作要求	□合格　□不合格	□合格　□不合格
	按质量要求完成百分表作业内容	□合格　□不合格	□合格　□不合格
	完整填写工作页	□合格　□不合格	□合格　□不合格
工作态度	着装规范，符合职业要求	□合格　□不合格	□合格　□不合格
	正确查阅维修资料和学习材料	□合格　□不合格	□合格　□不合格
	分工明确、配合默契	□合格　□不合格	□合格　□不合格
个人反思		完成任务的质量、时间是否达到最佳程度，是否符合安全操作规范和5S要求，请提出个人改进建议	
教师评价	教师签字： 日　　期：	成绩	
		□合格　□不合格	

任 务 名 称	任务四　密度计的选用及使用	
班级	姓名	
地点	日期	

一、收集信息

【引导问题】

1. 密度计的使用范围很广，用于测定各种＿＿＿＿＿＿＿＿、＿＿＿＿＿＿＿＿＿、＿＿＿＿＿＿＿＿的密度。

2. 冰点测试仪可测量＿＿＿＿＿＿＿＿、铅酸蓄电池电解液的＿＿＿＿＿＿＿＿、玻璃清洗剂的＿＿＿＿＿＿＿＿。

3. ＿＿＿＿＿＿＿＿是测量防冻液冰点的精密光学仪器。由于其原理可靠，精度能满足实际需要，又有＿＿＿＿＿＿＿、＿＿＿＿＿＿＿、造型美观、使用方便等优点，所以广泛应用于汽车行业。

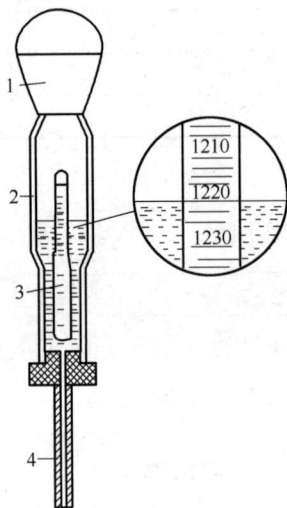

4. 认识吸入式玻璃密度计：

	序　号	名　称
	1	
	2	
	3	
	4	

【查阅资料】

1. 电解液密度检查，应先打开蓄电池的＿＿＿＿＿＿，把密度计下端的橡胶管插入单格蓄电池的加液孔内，再用手将＿＿＿＿＿＿，再慢慢放开，电解液就会被吸到玻璃管中。

2. 密度计使用前必须全部＿＿＿＿＿＿（用肥皂或＿＿＿＿＿＿擦洗干净）。

3. 经过清洁处理后的密度计，手不能拿在密度计的＿＿＿＿＿＿，必须用食指和拇指轻轻拿在＿＿＿＿＿＿，并注意不能横拿，而是应垂直拿，以防折断。

二、计划组织

小组组别	
设备工具	各类密度计
组织安排	一组四人：A负责工具清洁整理；B负责传递工具及清洁整理；C负责工具操作及清洁整理；D负责记录。各任务间轮换角色
准备工作	检查安全环保措施、熟悉布置工作场景

三、任务实施

作业内容		质量要求	完成情况
密度计的使用	密度计的正确操作		□完成 □未完成
	密度计的应用场合		□完成 □未完成
	密度计的使用注意事项		□完成 □未完成
电解液密度的测量	电解液密度测量的准备		□完成 □未完成
	电解液密度测量操作		□完成 □未完成
	电解液密度读数		□完成 □未完成
冰点测试仪的使用	冰点测试仪对光		□完成 □未完成
	冰点测试仪调整基准		□完成 □未完成
	冰点测试仪测量		□完成 □未完成
冰点测试仪的维护	冰点测试仪的使用注意事项		□完成 □未完成
	冰点测试仪的用后检查		□完成 □未完成
	冰点测试仪的维护		□完成 □未完成

四、评价反思

在教师的指导下，反思自己的工作方式和工作质量。

评价表				
项　目	评价指标	自　评	互　评	
专业技能	认识各类密度计的结构及熟知工作要求	□合格 □不合格	□合格 □不合格	
	按质量要求完成密度计测量工具作业内容	□合格 □不合格	□合格 □不合格	
	完整填写工作页	□合格 □不合格	□合格 □不合格	
工作态度	着装规范，符合职业要求	□合格 □不合格	□合格 □不合格	
	正确查阅维修资料和学习材料	□合格 □不合格	□合格 □不合格	
	分工明确、配合默契	□合格 □不合格	□合格 □不合格	
个人反思		完成任务的质量、时间是否达到最佳程度，是否符合安全操作规范和5S要求，请提出个人改进建议		
教师评价		成绩		
	教师签字： 日　　期：	□合格 □不合格		

任 务 名 称	任务五 万用表的选用及使用	
班级	姓名	
地点	日期	

一、收集信息

【引导问题】

1. 万用表是一种多功能、多量程的测量仪表，可测量_____、_____、_____、_____ 和音频电平等，有的还可以测量_____、电容量、_____及半导体的一些参数（如β）。

2. 常见的万用表主要有_____万用表和_____万用表两种。

3. 万用表测量电阻、电流、电压、电容以及二极管晶体管等电子元件和电路的参量是通过调节_____来实现。

4. 区分万用表种类：

	序 号	名 称
a)	a)	
b)	b)	

a)   b)

【查阅资料】

1. 万用表测量电容器前需要_____，否则容易损坏万用表；测量后也要_____，避免埋下安全隐患。

2. _____万用表已成为主流，有取代指针式万用表的趋势。与指针式万用表相比，数字式万用表_____、准确度高、显示_____、过载_____、便于携带、使用更简单。

3. 测量电压时，应将万用表与被测电路_____；测量电流时，应将万用表与被测电路_____。

二、计划组织

小 组 组 别	
设 备 工 具	各类万用表

（续）

组 织 安 排	一组四人：A 负责工具清洁整理；B 负责传递工具及清洁整理；C 负责工具操作及清洁整理；D 负责记录。各任务间轮换角色
准 备 工 作	检查安全环保措施、熟悉布置工作场景

三、任务实施

作业内容		质 量 要 求	完 成 情 况
万用表的使用	万用表的正确操作		□完成　□未完成
	万用表的应用场合		□完成　□未完成
	万用表的使用注意事项		□完成　□未完成
电阻的测量	电阻测量的正确操作		□完成　□未完成
	电阻测量的读数		□完成　□未完成
	电阻测量的使用注意事项		□完成　□未完成
电压的测量	电压测量的正确操作		□完成　□未完成
	电压测量的读数		□完成　□未完成
	电压测量的使用注意事项		□完成　□未完成
电流的测量	电流测量的正确操作		□完成　□未完成
	电流测量的读数		□完成　□未完成
	电流测量的使用注意事项		□完成　□未完成
电容量的测量	电容量测量的正确操作		□完成　□未完成
	电容量测量的读数		□完成　□未完成
	电容量测量的使用注意事项		□完成　□未完成
二极管的测量	二极管测量的正确操作		□完成　□未完成
	二极管测量的读数		□完成　□未完成
	二极管测量的使用注意事项		□完成　□未完成

四、评价反思

在教师的指导下，反思自己的工作方式和工作质量。

评 价 表			
项 目	评 价 指 标	自 评	互 评
专业技能	认识万用表的结构及熟知工作要求	□合格　□不合格	□合格　□不合格
	按万用表要求完成各类元器件测量作业内容	□合格　□不合格	□合格　□不合格
	完整填写工作页	□合格　□不合格	□合格　□不合格
工作态度	着装规范，符合职业要求	□合格　□不合格	□合格　□不合格
	正确查阅维修资料和学习材料	□合格　□不合格	□合格　□不合格
	分工明确、配合默契	□合格　□不合格	□合格　□不合格

项目三 汽车维修气动工具的选用及使用

任务名称	任务一　气动扳手的选用及使用		
班级		姓名	
地点		日期	

一、收集信息

【引导问题】

1. 气动扳手一般分为两类，一类是常规扳手，也就是普通的＿＿＿＿＿＿扳手，一类是＿＿＿＿＿＿扳手，两者的区别为前者不能定力矩，而后者可以。

2. 气动扳手又称＿＿＿＿＿＿扳手，它主要是利用＿＿＿＿＿＿拧紧螺钉、螺母。

【查阅资料】

1. 气动扳手被广泛应用于各种场合，例如汽车修理、重型设备维修、产品装配等。

2. 进入气动扳手的压缩空气应＿＿＿＿＿＿。

二、计划组织

小组组别	
设备工具	各类气动扳手
组织安排	一组四人：A 负责工具清洁整理；B 负责传递工具及清洁整理；C 负责工具操作及清洁整理；D 负责记录。各任务间轮换角色
准备工作	检查安全环保措施、熟悉布置工作场景

三、任务实施

作业内容		质量要求	完成情况
气动扳手的使用	气动扳手气管接头的正确操作		□完成　□未完成
	气动扳手旋钮的调节		□完成　□未完成
	气动扳手的正确操作		□完成　□未完成

四、评价反思

在教师的指导下，反思自己的工作方式和工作质量。

评价表			
项　　目	评价指标	自　评	互　评
专业技能	认识各类气动扳手的结构及熟知工作要求	□合格　□不合格	□合格　□不合格
	按质量要求完成气动扳手作业内容	□合格　□不合格	□合格　□不合格
	完整填写工作页	□合格　□不合格	□合格　□不合格

（续）

评 价 表			
项　　目	评 价 指 标	自　评	互　评
工作态度	着装规范，符合职业要求	□合格　□不合格	□合格　□不合格
	正确查阅维修资料和学习材料	□合格　□不合格	□合格　□不合格
	分工明确、配合默契	□合格　□不合格	□合格　□不合格
个人反思		完成任务的质量、时间是否达到最佳程度，是否符合安全操作规范和5S要求，请提出个人改进建议	
教师评价	教师签字： 日　　期：	成绩	
		□合格　□不合格	

任务名称	任务二　气动打磨机的选用及使用		
班级		姓名	
地点		日期	

一、收集信息

【引导问题】

1. 气动打磨机主要用于＿＿＿＿＿＿＿、＿＿＿＿＿＿＿及＿＿＿＿＿＿＿＿＿＿。

2. 常见的气动打磨机有＿＿＿＿＿＿＿打磨机和＿＿＿＿＿＿＿打磨机两种。

3. 打磨机具有强力的＿＿＿＿＿＿＿效果，可以长时间使用。

【查阅资料】

1. 带式打磨机主要用于＿＿＿＿＿＿＿＿＿＿＿＿＿＿＿。

2. 盘式打磨机主要用于＿＿＿＿＿＿＿＿＿＿＿等。

3. 盘式打磨机打磨时用的砂轮片粒度通常为＿＿＿＿＿＿＿#、＿＿＿＿＿＿＿#或＿＿＿＿＿＿＿#等，一般常用的是＿＿＿＿＿＿＿#。

二、计划组织

小组组别	
设备工具	各类气动打磨机
组织安排	一组四人：A负责工具清洁整理；B负责传递工具及清洁整理；C负责工具操作及清洁整理；D负责记录。各任务间轮换角色
准备工作	检查安全环保措施、熟悉布置工作场景

三、任务实施

作业内容		质量要求	完成情况
气动打磨机的使用	起始部位的打磨操作		□完成　□未完成
	受损严重部位的打磨操作		□完成　□未完成
	中间部位的打磨操作		□完成　□未完成
	打磨部位的清洁处理		□完成　□未完成

四、评价反思

在教师的指导下，反思自己的工作方式和工作质量。

评价表			
项目	评价指标	自评	互评
专业技能	认识各类气动打磨机的结构及熟知工作要求	□合格　□不合格	□合格　□不合格
	按质量要求完成气动打磨机作业内容	□合格　□不合格	□合格　□不合格
	完整填写工作页	□合格　□不合格	□合格　□不合格

（续）

评 价 表			
项　目	评 价 指 标	自　评	互　评
工作态度	着装规范，符合职业要求	□合格　□不合格	□合格　□不合格
	正确查阅维修资料和学习材料	□合格　□不合格	□合格　□不合格
	分工明确、配合默契	□合格　□不合格	□合格　□不合格
个人反思		完成任务的质量、时间是否达到最佳程度，是否符合安全操作规范和5S要求，请提出个人改进建议	
教师评价	教师签字： 日　　期：	成绩	
		□合格　□不合格	

任务名称	任务三　气动锯的选用及使用		
班级		姓名	
地点		日期	

一、收集信息

【引导问题】

1. 气动锯利用＿＿＿＿＿＿＿＿作为动力。

2. 气动锯的锯条只有一端装在锯身上实现锯割作业，由于＿＿＿＿＿＿＿＿＿＿＿，切割缝可以无限延长。

3. 气动锯主要由＿＿＿＿＿、＿＿＿＿＿、＿＿＿＿＿和＿＿＿＿＿等部分组成。

【查阅资料】

1. 气动锯具有＿＿＿＿＿、＿＿＿＿＿、＿＿＿＿＿＿＿＿＿＿等优点。

2. 气动锯条的材质大多数为＿＿＿＿＿＿＿＿＿＿＿，也有＿＿＿＿＿，齿形有＿＿＿＿＿和＿＿＿＿＿。

二、计划组织

小组组别	
设备工具	各类气动锯
组织安排	一组四人：A负责工具清洁整理；B负责传递工具及清洁整理；C负责工具操作及清洁整理；D负责记录。各任务间轮换角色
准备工作	检查安全环保措施、熟悉布置工作场景

三、任务实施

作业内容		质量要求	完成情况
气动锯的使用	气动锯的安全防护操作		□完成　□未完成
	气动锯锯条的更换		□完成　□未完成
	气动锯的正确切割操作		□完成　□未完成
	切割部位的清洁处理		□完成　□未完成

四、评价反思

在教师的指导下，反思自己的工作方式和工作质量。

评价表			
项目	评价指标	自评	互评
专业技能	认识各类气动锯的结构及熟知工作要求	□合格　□不合格	□合格　□不合格
	按质量要求完成气动锯作业内容	□合格　□不合格	□合格　□不合格
	完整填写工作页	□合格　□不合格	□合格　□不合格

（续）

评价表			
项　目	评价指标	自　评	互　评
工作态度	着装规范，符合职业要求	□合格　□不合格	□合格　□不合格
	正确查阅维修资料和学习材料	□合格　□不合格	□合格　□不合格
	分工明确、配合默契	□合格　□不合格	□合格　□不合格
个人反思		完成任务的质量、时间是否达到最佳程度，是否符合安全操作规范和5S要求，请提出个人改进建议	
教师评价	教师签字： 日　　期：	成绩	
		□合格　□不合格	

项目四　常用测量工具的选用及使用

任 务 名 称	任务一　常用测量尺的选用及使用		
班级		姓名	
地点		日期	

一、收集信息

【引导问题】

1. 钢卷尺主要由_____、_____和_____等组成。

2. _____用于确定两点（位置）间的距离，粗略地测量工件的长、宽、高、深、厚等几何尺寸。

3. _____是一种间接读数的量具，卡钳上不能直接读出尺寸，必须与钢直尺或其他刻度线量具配合测量。

4. 认识常用测量尺：

序　号	名　称
a)	
b)	
c)	
d)	
e)	

【查阅资料】

1. 游标卡尺是工业上常用的测量长度的工具，可直接用来测量工件的_____、_____及_____等，测量精度较高。

2. 外径千分尺是一种比游标卡尺更精密的测量长度的工具，用它测量长度可以精确到_____mm。

二、计划组织

小 组 组 别	
设 备 工 具	各类常用测量尺
组 织 安 排	一组四人：A 负责工具清洁整理；B 负责传递工具及清洁整理；C 负责工具操作及清洁整理；D 负责记录。各任务间轮换角色
准 备 工 作	检查安全环保措施、熟悉布置工作场景

三、任务实施

作业内容		质量要求	完成情况
钢卷尺的使用	钢卷尺的正确操作		□完成 □未完成
	钢卷尺的应用场合		□完成 □未完成
	钢卷尺的使用注意事项		□完成 □未完成
钢直尺的使用	钢直尺的正确操作		□完成 □未完成
	钢直尺的应用场合		□完成 □未完成
	钢直尺的使用注意事项		□完成 □未完成
内外卡钳的使用	内外卡钳的正确操作		□完成 □未完成
	内外卡钳的应用场合		□完成 □未完成
	内外卡钳的使用注意事项		□完成 □未完成
游标卡尺的使用	游标卡尺的正确操作		□完成 □未完成
	游标卡尺的应用场合		□完成 □未完成
	游标卡尺的使用注意事项		□完成 □未完成
外径千分尺的使用	外径千分尺的正确操作		□完成 □未完成
	外径千分尺的应用场合		□完成 □未完成
	外径千分尺的使用注意事项		□完成 □未完成

四、评价反思

在教师的指导下，反思自己的工作方式和工作质量。

评 价 表			
项 目	评价指标	自 评	互 评
专业技能	认识各类常用测量尺的结构及熟知工作要求	□合格 □不合格	□合格 □不合格
	按质量要求完成常用测量尺作业内容	□合格 □不合格	□合格 □不合格
	完整填写工作页	□合格 □不合格	□合格 □不合格
工作态度	着装规范，符合职业要求	□合格 □不合格	□合格 □不合格
	正确查阅维修资料和学习材料	□合格 □不合格	□合格 □不合格
	分工明确、配合默契	□合格 □不合格	□合格 □不合格
个人反思		完成任务的质量、时间是否达到最佳程度，是否符合安全操作规范和5S要求，请提出个人改进建议	
教师评价	教师签字： 日　　期：	成绩	
		□合格 □不合格	

任 务 名 称		任务二　专用测量尺的选用及使用	
班级		姓名	
地点		日期	

一、收集信息

【引导问题】

1. 塞尺有_____、_____和_____三种基本形式。

2. 塑料线间隙规可以快速检查_____和_____的游隙。

3. 伸缩规主要用于测量_____部件的尺寸。

4. 内卡规一般有_____ mm、_____ mm、_____ mm 三种量程的规格。

5. 认识专用测量尺：

a)　　　　　　　　　b)

c)　　　　　　　　　d)

序　号	名　称
a)	
b)	
c)	
d)	

【查阅资料】

1. 塞尺又常用来测量_____。

2. 内卡规一般由_____、_____、_____和_____组成。

二、计划组织

小 组 组 别	
设 备 工 具	各类专用测量尺
组 织 安 排	一组四人：A 负责工具清洁整理；B 负责传递工具及清洁整理；C 负责工具操作及清洁整理；D 负责记录。各任务间轮换角色
准 备 工 作	检查安全环保措施、熟悉布置工作场景

三、任务实施

作业内容		质量要求	完成情况
塞尺的使用	塞尺的正确操作		□完成　□未完成
	塞尺的应用场合		□完成　□未完成
	塞尺的使用注意事项		□完成　□未完成

(续)

作 业 内 容		质 量 要 求	完 成 情 况
塑料线间隙规的使用	塑料线间隙规的正确操作		□完成 □未完成
	塑料线间隙规的应用场合		□完成 □未完成
	塑料线间隙规的使用注意事项		□完成 □未完成
伸缩规的使用	伸缩规的正确操作		□完成 □未完成
	伸缩规的应用场合		□完成 □未完成
	伸缩规的使用注意事项		□完成 □未完成
内卡规的使用	内卡规的正确操作		□完成 □未完成
	内卡规的应用场合		□完成 □未完成
	内卡规的使用注意事项		□完成 □未完成

四、评价反思

在教师的指导下，反思自己的工作方式和工作质量。

评 价 表				
项 目	评 价 指 标	自 评		互 评
专业技能	认识各类专用测量尺的结构及熟知工作要求	□合格 □不合格		□合格 □不合格
	按质量要求完成专业测量尺作业内容	□合格 □不合格		□合格 □不合格
	完整填写工作页	□合格 □不合格		□合格 □不合格
工作态度	着装规范，符合职业要求	□合格 □不合格		□合格 □不合格
	正确查阅维修资料和学习材料	□合格 □不合格		□合格 □不合格
	分工明确、配合默契	□合格 □不合格		□合格 □不合格
个人反思		完成任务的质量、时间是否达到最佳程度，是否符合安全操作规范和5S要求，请提出个人改进建议		
教师评价	教师签字： 日　　期：	成绩		
		□合格 □不合格		

任 务 名 称	任务三　百分表的选用及使用		
班级		姓名	
地点		日期	

一、收集信息

【引导问题】

1. 百分表是一种精度较高的_____量具，它被广泛用于测量工件的_____和位置误差。

2. 百分表的构造主要由_____、_____、_____三个部分组成。

3. 内径百分表由_____、_____、_____、_____和一套长度不等的接杆等组成。

4. 认识百分表的构造：

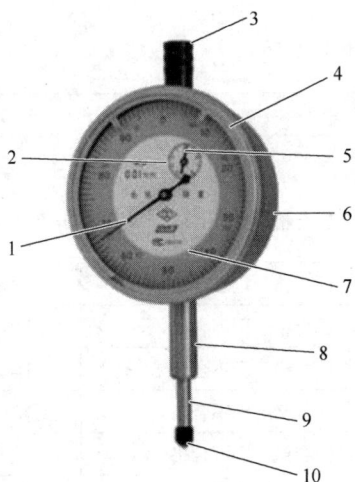

序　　号	名　　称
1	
2	
3	
4	
5	
6	
7	
8	
9	
10	

【查阅资料】

1. 百分表的读数方法：先读小指针转过的_____（即毫米整数部分），再读_____转过的刻度线（即毫米小数部分），并乘以_____，然后两者相加，最后的得数即所测量的数值。

2. 百分表的维护应远离液体，不让_____、_____、水或_____与百分表接触。

3. 百分表在不使用时，要_____，使表解除其所有负荷，让测量杆处于_____状态。

二、计划组织

小组组别	
设备工具	各类百分表
组织安排	一组四人：A负责工具清洁整理；B负责传递工具及清洁整理；C负责工具操作及清洁整理；D负责记录。各任务间轮换角色
准备工作	检查安全环保措施、熟悉布置工作场景

三、任务实施

作业内容		质量要求	完成情况
百分表的测量	百分表的正确测量		□完成　□未完成
	百分表的正确读数		□完成　□未完成
	百分表的正确记录		□完成　□未完成
百分表的维护	百分表的正确使用		□完成　□未完成
	百分表的正确维护		□完成　□未完成

四、评价反思

在教师的指导下，反思自己的工作方式和工作质量。

评价表			
项目	评价指标	自评	互评
专业技能	认识各类百分表的结构及熟知工作要求	□合格　□不合格	□合格　□不合格
	按质量要求完成百分表作业内容	□合格　□不合格	□合格　□不合格
	完整填写工作页	□合格　□不合格	□合格　□不合格
工作态度	着装规范，符合职业要求	□合格　□不合格	□合格　□不合格
	正确查阅维修资料和学习材料	□合格　□不合格	□合格　□不合格
	分工明确、配合默契	□合格　□不合格	□合格　□不合格
个人反思		完成任务的质量、时间是否达到最佳程度，是否符合安全操作规范和5S要求，请提出个人改进建议	
教师评价	教师签字：　　日　　期：	成绩	
		□合格　□不合格	

任 务 名 称	任务四　密度计的选用及使用		
班级		姓名	
地点		日期	

一、收集信息

【引导问题】

1. 密度计的使用范围很广，用于测定各种＿＿＿＿＿＿＿＿、＿＿＿＿＿＿＿＿、＿＿＿＿＿＿＿＿的密度。

2. 冰点测试仪可测量＿＿＿＿＿＿＿、铅酸蓄电池电解液的＿＿＿＿＿＿＿、玻璃清洗剂的＿＿＿＿＿＿＿。

3. ＿＿＿＿＿＿＿是测量防冻液冰点的精密光学仪器。由于其原理可靠，精度能满足实际需要，又有＿＿＿＿＿＿＿、＿＿＿＿＿＿＿、造型美观、使用方便等优点，所以广泛应用于汽车行业。

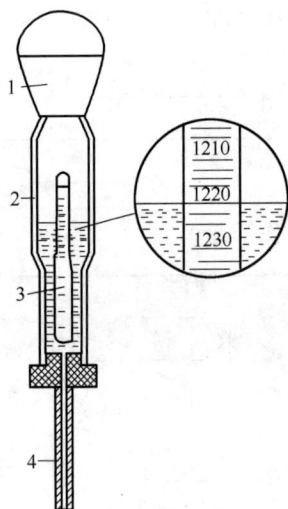

4. 认识吸入式玻璃密度计：

序　号	名　称
1	
2	
3	
4	

【查阅资料】

1. 电解液密度检查，应先打开蓄电池的＿＿＿＿＿＿，把密度计下端的橡胶管插入单格蓄电池的加液孔内，再用手将＿＿＿＿＿＿，再慢慢放开，电解液就会被吸到玻璃管中。

2. 密度计使用前必须全部＿＿＿＿＿＿（用肥皂或＿＿＿＿＿＿擦洗干净）。

3. 经过清洁处理后的密度计，手不能拿在密度计的＿＿＿＿＿＿，必须用食指和拇指轻轻拿在＿＿＿＿＿＿，并注意不能横拿，而是应垂直拿，以防折断。

二、计划组织

小组组别	
设备工具	各类密度计
组织安排	一组四人：A负责工具清洁整理；B负责传递工具及清洁整理；C负责工具操作及清洁整理；D负责记录。各任务间轮换角色
准备工作	检查安全环保措施、熟悉布置工作场景

三、任务实施

作业内容		质量要求	完成情况
密度计的使用	密度计的正确操作		□完成 □未完成
	密度计的应用场合		□完成 □未完成
	密度计的使用注意事项		□完成 □未完成
电解液密度的测量	电解液密度测量的准备		□完成 □未完成
	电解液密度测量操作		□完成 □未完成
	电解液密度读数		□完成 □未完成
冰点测试仪的使用	冰点测试仪对光		□完成 □未完成
	冰点测试仪调整基准		□完成 □未完成
	冰点测试仪测量		□完成 □未完成
冰点测试仪的维护	冰点测试仪的使用注意事项		□完成 □未完成
	冰点测试仪的用后检查		□完成 □未完成
	冰点测试仪的维护		□完成 □未完成

四、评价反思

在教师的指导下，反思自己的工作方式和工作质量。

评价表				
项目	评价指标	自评		互评
专业技能	认识各类密度计的结构及熟知工作要求	□合格 □不合格		□合格 □不合格
	按质量要求完成密度计测量工具作业内容	□合格 □不合格		□合格 □不合格
	完整填写工作页	□合格 □不合格		□合格 □不合格
工作态度	着装规范，符合职业要求	□合格 □不合格		□合格 □不合格
	正确查阅维修资料和学习材料	□合格 □不合格		□合格 □不合格
	分工明确、配合默契	□合格 □不合格		□合格 □不合格
个人反思		完成任务的质量、时间是否达到最佳程度，是否符合安全操作规范和5S要求，请提出个人改进建议		
教师评价	教师签字： 日 期：	成绩		
		□合格 □不合格		

任 务 名 称	任务五　万用表的选用及使用		
班级		姓名	
地点		日期	

一、收集信息

【引导问题】

1. 万用表是一种多功能、多量程的测量仪表，可测量＿＿＿＿＿、＿＿＿＿＿、＿＿＿＿＿、＿＿＿＿＿和音频电平等，有的还可以测量＿＿＿＿＿、电容量、＿＿＿＿＿及半导体的一些参数（如 β）。

2. 常见的万用表主要有＿＿＿＿＿万用表和＿＿＿＿＿万用表两种。

3. 万用表测量电阻、电流、电压、电容以及二极管晶体管等电子元件和电路的参量是通过调节＿＿＿＿＿来实现。

4. 区分万用表种类：

		序　号	名　称
		a)	
		b)	

a) 　　　　　　　　b)

【查阅资料】

1. 万用表测量电容器前需要＿＿＿＿＿，否则容易损坏万用表；测量后也要＿＿＿＿＿，避免埋下安全隐患。

2. ＿＿＿＿＿万用表已成为主流，有取代指针式万用表的趋势。与指针式万用表相比，数字式万用表＿＿＿＿＿、准确度高、显示＿＿＿＿＿、过载＿＿＿＿＿、便于携带、使用更简单。

3. 测量电压时，应将万用表与被测电路＿＿＿＿＿；测量电流时，应将万用表与被测电路＿＿＿＿＿。

二、计划组织

小 组 组 别	
设 备 工 具	各类万用表

（续）

组 织 安 排	一组四人：A 负责工具清洁整理；B 负责传递工具及清洁整理；C 负责工具操作及清洁整理；D 负责记录。各任务间轮换角色
准 备 工 作	检查安全环保措施、熟悉布置工作场景

三、任务实施

作 业 内 容		质 量 要 求	完 成 情 况
万用表的使用	万用表的正确操作		□完成　□未完成
	万用表的应用场合		□完成　□未完成
	万用表的使用注意事项		□完成　□未完成
电阻的测量	电阻测量的正确操作		□完成　□未完成
	电阻测量的读数		□完成　□未完成
	电阻测量的使用注意事项		□完成　□未完成
电压的测量	电压测量的正确操作		□完成　□未完成
	电压测量的读数		□完成　□未完成
	电压测量的使用注意事项		□完成　□未完成
电流的测量	电流测量的正确操作		□完成　□未完成
	电流测量的读数		□完成　□未完成
	电流测量的使用注意事项		□完成　□未完成
电容量的测量	电容量测量的正确操作		□完成　□未完成
	电容量测量的读数		□完成　□未完成
	电容量测量的使用注意事项		□完成　□未完成
二极管的测量	二极管测量的正确操作		□完成　□未完成
	二极管测量的读数		□完成　□未完成
	二极管测量的使用注意事项		□完成　□未完成

四、评价反思

在教师的指导下，反思自己的工作方式和工作质量。

评 价 表			
项　　目	评 价 指 标	自　　评	互　　评
专业技能	认识万用表的结构及熟知工作要求	□合格　□不合格	□合格　□不合格
	按万用表要求完成各类元器件测量作业内容	□合格　□不合格	□合格　□不合格
	完整填写工作页	□合格　□不合格	□合格　□不合格
工作态度	着装规范，符合职业要求	□合格　□不合格	□合格　□不合格
	正确查阅维修资料和学习材料	□合格　□不合格	□合格　□不合格
	分工明确、配合默契	□合格　□不合格	□合格　□不合格

（续）

评　价　表			
项　目	评 价 指 标	自　评	互　评
个人反思		完成任务的质量、时间是否达到最佳程度，是否符合安全操作规范和5S要求，请提出个人改进建议	
教师评价	教师签字： 日　　期：	成绩	
		□合格　□不合格	

项目五 汽车维修专用工具的选用及使用

任 务 名 称	任务一 气门钳的选用及使用		
班级		姓名	
地点		日期	

一、收集信息

【引导问题】

1. 气门钳的种类有＿＿＿＿种，一种是＿＿＿＿＿＿＿，另一种是＿＿＿＿＿＿＿。

2. 认识气门的组成：

序　号	名　称
a	
b	
c	
d	
e	

【查阅资料】

在对气门进行拆卸时，应先把＿＿＿＿＿＿拆卸，用＿＿＿＿＿＿选好合适的尺寸，将气门钳一端放在＿＿＿＿＿＿，带有接头的一端放在气门弹簧座上，进行下压。

二、计划组织

小 组 组 别	
设 备 工 具	上海桑塔纳轿车发动机台架、世达工具
组 织 安 排	一组四人：A 负责拆装及清洁整理；B 负责传递工具及清洁整理；C 负责放置摆放零部件及清洁整理；D 负责记录。各任务间轮换角色
准 备 工 作	检查安全环保措施、熟悉布置工作场景

三、任务实施

	作 业 内 容	质 量 要 求	完 成 情 况
拆下气门	气门钳抵住气门		□完成　□未完成
	压环对正气门弹簧座		□完成　□未完成
	压下手柄，使气门弹簧被压缩		□完成　□未完成
	取下气门弹簧锁销或锁片		□完成　□未完成
	松开手柄，取下气门弹簧座、气门弹簧和气门等		□完成　□未完成

（续）

作 业 内 容		质 量 要 求	完 成 情 况
装配气门	先将气门弹簧座、气门弹簧和气门等安装		□完成　□未完成
	气门钳抵住气门		□完成　□未完成
	压环对正气门弹簧座		□完成　□未完成
	压下手柄，使气门弹簧被压缩		□完成　□未完成
	安装气门弹簧锁销或锁片		□完成　□未完成
	取下气门钳并清洁		□完成　□未完成

四、评价反思

在教师的指导下，反思自己的工作方式和工作质量。

评 价 表			
项　目	评 价 指 标	自　评	互　评
专业技能	认识气门的结构及熟知工作要求	□合格　□不合格	□合格　□不合格
	按质量要求完成作业内容	□合格　□不合格	□合格　□不合格
	完整填写工作页	□合格　□不合格	□合格　□不合格
工作态度	着装规范，符合职业要求	□合格　□不合格	□合格　□不合格
	正确查阅维修资料和学习材料	□合格　□不合格	□合格　□不合格
	分工明确、配合默契	□合格　□不合格	□合格　□不合格
个人反思		完成任务的质量、时间是否达到最佳程度，是否符合安全操作规范和5S要求，请提出个人改进建议	
教师评价	教师签字： 日　　期：	成绩	
		□合格　□不合格	

任务名称	任务二　活塞卡箍的选用及使用		
班级		姓名	
地点		日期	

一、收集信息

【引导问题】

1. 活塞卡箍采用＿＿＿＿＿＿处理，配有＿＿＿＿＿＿装置。

2. 认识活塞连杆组的组成：

序　号	名　　称
a	
b	
c	
d	
e	
f	
g	
h	

【查阅资料】

活塞卡箍适用于汽车活塞装配，使用时，按照＿＿＿＿＿＿放入活塞，夹紧活塞环并用＿＿＿＿＿＿轻轻推入，之后取下活塞卡箍。

二、计划组织

小组组别	
设备工具	上海桑塔纳轿车发动机台架、世达工具
组织安排	一组四人：A负责拆装及清洁整理；B负责传递工具及清洁整理；C负责放置摆放零部件及清洁整理；D负责记录。各任务间轮换角色
准备工作	检查安全环保措施、熟悉布置工作场景

三、任务实施

作业内容		质量要求	完成情况
拆卸活塞连杆组	在活塞顶部做标记		□完成　□未完成
	翻转台架，确认连杆及轴承盖标记		□完成　□未完成
	转动曲轴，使活塞处于下止点位置并做好标记		□完成　□未完成

（续）

作业内容		质量要求	完成情况
拆卸活塞连杆组	拧松连杆螺栓，取下连杆盖		□完成　□未完成
	用锤子木柄顶住连杆体一侧，推出活塞连杆组		□完成　□未完成
安装活塞连杆组	转动曲轴，把要安装的连杆轴颈转到下止点		□完成　□未完成
	根据活塞朝前标记及缸号标记将活塞连杆组放入气缸		□完成　□未完成
	用活塞环夹具夹好活塞环，再用木柄轻敲活塞环夹的四周		□完成　□未完成
	活塞环夹紧贴缸体表面后，用锤子木柄轻敲活塞顶，使活塞完全进入气缸		□完成　□未完成
	取下活塞卡箍并清洁		□完成　□未完成

四、评价反思

在教师的指导下，反思自己的工作方式和工作质量。

评　价　表				
项　　目	评价指标	自　评	互　评	
专业技能	认识活塞连杆组的结构及熟知工作要求	□合格　□不合格	□合格　□不合格	
	按质量要求完成作业内容	□合格　□不合格	□合格　□不合格	
	完整填写工作页	□合格　□不合格	□合格　□不合格	
工作态度	着装规范，符合职业要求	□合格　□不合格	□合格　□不合格	
	正确查阅维修资料和学习材料	□合格　□不合格	□合格　□不合格	
	分工明确、配合默契	□合格　□不合格	□合格　□不合格	
个人反思		完成任务的质量、时间是否达到最佳程度，是否符合安全操作规范和5S要求，请提出个人改进建议		
教师评价		成绩		
	教师签字： 日　　期：	□合格　□不合格		

任 务 名 称	任务三　火花塞套筒的选用及使用		
班级		姓名	
地点		日期	

一、收集信息

【引导问题】

1. 汽油发动机是通过_____和_____的适时燃烧使之产生动力的，作为燃料的汽油处于高温环境下也很难_____，要想使其燃烧有必要用"火"来点燃。

2. 认识火花塞的组成：

序　号	名　称
1	
2	
3	
4	
5	
6	
7	
8	
9	
10	
11	
12	

【查阅资料】

1. 火花塞的热值：为了表示各种类型火花塞裙部的散热能力，一般用火花塞的热值来表示。火花塞的热值一般分 1 ~ 9 九个等级，1 ~ 3 级为_____，4 ~ 6 级为_____，7 ~ 9 级为_____。

2. 火花塞套筒属_____，为火花塞的专用拆装工具。

二、计划组织

小组组别	
设 备 工 具	上海桑塔纳轿车发动机台架、世达工具
组 织 安 排	一组四人：A 负责拆装及清洁整理；B 负责传递工具及清洁整理；C 负责放置摆放零部件及清洁整理；D 负责记录。各任务间轮换角色
准 备 工 作	检查安全环保措施、熟悉布置工作场景

三、任务实施

作业内容		质量要求	完成情况
拆下火花塞	工具准备（火花塞套筒、长接杆等）		□完成　□未完成
	发动机冷却后，清理点火线圈周围污垢		□完成　□未完成
	拔下点火线圈插头，并在原始位置做上标记		□完成　□未完成
	拆卸时用火花塞套筒套牢火花塞，转动套筒将其卸下		□完成　□未完成
	按照顺序依次排好，以免错位		□完成　□未完成
安装火花塞	清洁火花塞		□完成　□未完成
	将火花塞放在套筒里，按照顺序安装		□完成　□未完成
	火花塞拧紧力矩为20N·m		□完成　□未完成
	将点火线圈插头按顺序安装		□完成　□未完成

四、评价反思

在教师的指导下，反思自己的工作方式和工作质量。

评 价 表				
项　　目	评价指标	自　评	互　评	
专业技能	认识火花塞的结构及熟知工作要求	□合格　□不合格	□合格　□不合格	
	按质量要求完成作业内容	□合格　□不合格	□合格　□不合格	
	完整填写工作页	□合格　□不合格	□合格　□不合格	
工作态度	着装规范，符合职业要求	□合格　□不合格	□合格　□不合格	
	正确查阅维修资料和学习材料	□合格　□不合格	□合格　□不合格	
	分工明确、配合默契	□合格　□不合格	□合格　□不合格	
个人反思		完成任务的质量、时间是否达到最佳程度，是否符合安全操作规范和5S要求，请提出个人改进建议		
教师评价	教师签字： 日　　期：	成绩		
		□合格　□不合格		

任 务 名 称	任务四 顶拔器的选用及使用		
班级		姓名	
地点		日期	

一、收集信息

【引导问题】

1. 顶拔器是用于拆卸_____等零件的专用工具。

2. 认识三爪式顶拔器的组成：

序　号	名　　称
1	
2	
3	

【查阅资料】

1. 三爪式顶拔器的组成：_____、_____和_____。

2. 使用顶拔器时，在_____与_____之间垫一垫板，用顶拔器的拉爪拉住_____或_____，然后拧紧压力螺杆，即可从轴上拉下齿轮等过盈配合安装的零件。

二、计划组织

小组组别	
设备工具	上海桑塔纳轿车发动机台架、世达工具
组织安排	一组四人：A负责拆装及清洁整理；B负责传递工具及清洁整理；C负责放置摆放零部件及清洁整理；D负责记录。各任务间轮换角色
准备工作	检查安全环保措施、熟悉布置工作场景

三、任务实施

	作 业 内 容	质 量 要 求	完 成 情 况
拆下轴承	工具准备（三爪式顶拔器）		□完成　□未完成
	从轴承座上拆卸轴承时，拆卸力应加于外圈，顶拔器爪角应向外张开		□完成　□未完成
	从轴上拆卸轴承时，拆卸力应加于内圈，顶拔器爪角应卡在轴承内圈上		□完成　□未完成

（续）

作业内容		质量要求	完成情况
安装轴承	将轴承进行清洁并涂润滑脂		□完成　□未完成
	可对轴承进行加热（热胀冷缩）		□完成　□未完成
	将加热轴承放在轴上，用木锤轻敲到位		□完成　□未完成
	清洁工具复位		□完成　□未完成

四、评价反思

在教师的指导下，反思自己的工作方式和工作质量。

评　价　表			
项　　目	评价指标	自　　评	互　　评
专业技能	认识顶拔器的结构及熟知工作要求	□合格　□不合格	□合格　□不合格
	按质量要求完成作业内容	□合格　□不合格	□合格　□不合格
	完整填写工作页	□合格　□不合格	□合格　□不合格
工作态度	着装规范，符合职业要求	□合格　□不合格	□合格　□不合格
	正确查阅维修资料和学习材料	□合格　□不合格	□合格　□不合格
	分工明确、配合默契	□合格　□不合格	□合格　□不合格
个人反思		完成任务的质量、时间是否达到最佳程度，是否符合安全操作规范和5S要求，请提出个人改进建议	
教师评价	教师签字： 日　　期：	成绩	
		□合格　□不合格	

任务名称	任务五　离合器压盘拆装器的选用及使用		
班级		姓名	
地点		日期	

一、收集信息

【引导问题】

认识离合器的组成：

序　号	名　　称
1	
2	
3	
4	
5	
6	

【查阅资料】

1. 离合器主要是使＿＿＿＿＿与＿＿＿＿＿进行分离和接合，以＿＿＿＿＿或传递发动机向传动系统输出的动力，起到保证汽车＿＿＿＿＿、便于挂档、＿＿＿＿＿过载等作用。

2. 离合器压盘拆装器由＿＿＿＿＿、上压板和＿＿＿＿＿组成。

二、计划组织

小组组别	
设备工具	上海桑塔纳轿车变速器台架、世达工具
组织安排	一组四人：A负责拆装及清洁整理；B负责传递工具及清洁整理；C负责放置摆放零部件及清洁整理；D负责记录。各任务间轮换角色
准备工作	检查安全环保措施、熟悉布置工作场景

三、任务实施

作业内容		质量要求	完成情况
拆下离合器	工具准备（离合器压盘拆装器）		□完成　□未完成
	把离合器压盘拆装器的下板放在离合器的下方		□完成　□未完成
	再把上板放在上方		□完成　□未完成
	取下离合器上的螺栓		□完成　□未完成
	去取下主动、从动部分		□完成　□未完成
	取下弹簧装置		□完成　□未完成

（续）

作 业 内 容		质 量 要 求	完 成 情 况
拆下离合器	离合器分离		□完成　□未完成
	清洁		□完成　□未完成
	安装离合器弹簧		□完成　□未完成
	安装主动、从动部分		□完成　□未完成
	把离合器压盘拆装器的下板放在离合器的下方		□完成　□未完成
	再把上板放在上方		□完成　□未完成
	安装螺栓并拧紧		□完成　□未完成
	取下离合器压盘拆装器并清洁		□完成　□未完成

四、评价反思

在教师的指导下，反思自己的工作方式和工作质量。

评 价 表				
项　　目	评 价 指 标	自　评		互　评
专业技能	认识离合器的结构及熟知工作要求	□合格　□不合格		□合格　□不合格
	按质量要求完成作业内容	□合格　□不合格		□合格　□不合格
	完整填写工作页	□合格　□不合格		□合格　□不合格
工作态度	着装规范，符合职业要求	□合格　□不合格		□合格　□不合格
	正确查阅维修资料和学习材料	□合格　□不合格		□合格　□不合格
	分工明确、配合默契	□合格　□不合格		□合格　□不合格
个人反思		完成任务的质量、时间是否达到最佳程度，是否符合安全操作规范和5S要求，请提出个人改进建议		
教师评价	教师签字： 日　　期：	成绩		
		□合格　□不合格		

项目六　汽车维修常用设备的使用

任务名称	任务一　举升机的使用		
班级		姓名	
地点		日期	

一、收集信息

【引导问题】

市场上举升机种类繁多，熟悉常用的举升机。

示 意 图	名 称

（续）

示　意　图	名　　称

【查阅资料】

1. 双柱式举升机的立柱为_____，适合在维修____t以下的轿车、轻型车时使用。

2. 剪式举升机靠_____驱动升降，整车大维修及维护都离不开剪式举升机。

二、计划组织

小组组别	
设备工具	小型轿车、液压双柱式举升机、剪式举升机
组织安排	一组三人：A负责操作使用举升机；B负责安全督导；C负责记录。各任务间轮换角色
准备工作	检查安全环保措施、熟悉布置工作场景

三、任务实施

1. 液压双柱式举升机的使用。

作业内容		质量要求	完成情况
举升机上升	检查举升机		□完成　□未完成
	对好支撑点		□完成　□未完成
举升车辆	开动举升机，待支点与车辆靠近时，检查支点与车辆位置		□完成　□未完成
	开动举升机，待支点与车辆接触后，再次检查支点与车辆位置		□完成　□未完成
	将车辆举升离地300mm，再次确定车身是否平稳		□完成　□未完成
	举升到工作高度，卸压		□完成　□未完成
举升机下降	解除机械安全锁		□完成　□未完成
	下降车辆		□完成　□未完成

2. 剪式举升机的使用。

作业内容		质量要求	完成情况
举升机上升	检查举升机、斜坡板		□完成　□未完成
	放置支车垫		□完成　□未完成
	开动举升机		□完成　□未完成
举升机下降	检查举升机周围		□完成　□未完成
	下降车辆，抽回支车垫		□完成　□未完成

四、评价反思

在教师的指导下，反思自己的工作方式和工作质量。

评价表				
项目	评价指标	自评	互评	
专业技能	掌握举升机的使用方法	□合格　□不合格	□合格　□不合格	
	按质量要求完成作业内容	□合格　□不合格	□合格　□不合格	
	完整填写工作页	□合格　□不合格	□合格　□不合格	
工作态度	着装规范，符合职业要求	□合格　□不合格	□合格　□不合格	
	正确查阅维修资料和学习材料	□合格　□不合格	□合格　□不合格	
	分工明确、配合默契	□合格　□不合格	□合格　□不合格	
个人反思		完成任务的质量、时间是否达到最佳程度，是否符合安全操作规范和5S要求，请提出个人改进建议		
教师评价	教师签字： 日　期：	成绩		
		□合格　□不合格		

任务名称	任务二　千斤顶的使用		
班级		姓名	
地点		日期	

一、收集信息

【引导问题】

汽车千斤顶有气动千斤顶、电动千斤顶、_____和_____等类型。

【查阅资料】

1. 机械式千斤顶的特点：①_____；②_____；③安全性低。

2. 液压千斤顶的特点：①_____；②_____；③_____；④液压泵容易漏油，寿命短；⑤因为本体比较小，所以在较软路面容易下陷，影响使用。

二、计划组织

小组组别	
设备工具	小型轿车、液压千斤顶、机械式千斤顶
组织安排	一组三人：A 负责操作使用千斤顶；B 负责安全督导；C 负责记录。各任务间轮换角色
准备工作	检查安全环保措施、熟悉布置工作场景

三、任务实施

1. 液压千斤顶。

	作业内容	质量要求	完成情况
顶起车辆	固定车辆		□完成　□未完成
	放置千斤顶		□完成　□未完成
	旋紧油压阀		□完成　□未完成
	按压千斤顶手柄		□完成　□未完成
下降车辆	卸压		□完成　□未完成
	下降千斤顶		□完成　□未完成

2. 机械式千斤顶。

	作业内容	质量要求	完成情况
固定车辆	拉上驻车制动器，寻找专用支撑点		□完成　□未完成
放置千斤顶	千斤顶放置在需要支撑的位置，顺时针摇动摇杆		□完成　□未完成
下降车辆	逆时针摇动摇杆		□完成　□未完成

四、评价反思

在教师的指导下，反思自己的工作方式和工作质量。

评 价 表			
项　　目	评 价 指 标	自　评	互　评
专业技能	认识千斤顶的结构及熟知工作要求	□合格　□不合格	□合格　□不合格
	按质量要求完成作业内容	□合格　□不合格	□合格　□不合格
	完整填写工作页	□合格　□不合格	□合格　□不合格
工作态度	着装规范，符合职业要求	□合格　□不合格	□合格　□不合格
	正确查阅维修资料和学习材料	□合格　□不合格	□合格　□不合格
	分工明确、配合默契	□合格　□不合格	□合格　□不合格
个人反思		完成任务的质量、时间是否达到最佳程度，是否符合安全操作规范和5S要求，请提出个人改进建议	
教师评价	教师签字： 日　　期：	成绩	
		□合格　□不合格	

任务名称	任务三　动平衡检测仪的使用		
班级		姓名	
地点		日期	

一、收集信息

【引导问题】

1. 轮胎平衡分为_____和_____两种。

2. 动态不平衡会使_____。

【查阅资料】

1. 需要做动平衡的情况：①_____；②_____；

③_____；④_____；⑤_____。

2. 汽车车轮做动平衡的主要优点：①_____；②_____；

③_____；④_____；⑤_____；

⑥_____。

二、计划组织

小组组别	
设备工具	车轮、汽车动平衡机
组织安排	一组三人：A负责操作使用动平衡机；B负责安全督导；C负责记录。各任务间轮换角色
准备工作	检查安全环保措施、熟悉布置工作场景

三、任务实施

作业内容		质量要求	完成情况
动平衡机的操作	轮胎充气，清理干净		□完成　□未完成
	拉出尺子，输入测量值		□完成　□未完成
	拿出弯尺，测量轮辋宽度		□完成　□未完成
	输入轮辋值，开始检测		□完成　□未完成
	检测结束，安装平衡块		□完成　□未完成

四、评价反思

在教师的指导下，反思自己的工作方式和工作质量。

评价表			
项目	评价指标	自评	互评
专业技能	认识动平衡机的操作方法及熟知注意事项	□合格　□不合格	□合格　□不合格
	按质量要求完成作业内容	□合格　□不合格	□合格　□不合格
	完整填写工作页	□合格　□不合格	□合格　□不合格

（续）

评 价 表			
项 目	评 价 指 标	自 评	互 评
工作态度	着装规范，符合职业要求	□合格　□不合格	□合格　□不合格
	正确查阅维修资料和学习材料	□合格　□不合格	□合格　□不合格
	分工明确、配合默契	□合格　□不合格	□合格　□不合格
个人反思		完成任务的质量、时间是否达到最佳程度，是否符合安全操作规范和5S要求，请提出个人改进建议	
教师评价	教师签字： 日　　期：	成绩	
		□合格　□不合格	

项目七　新能源汽车维修常用工具的使用

任 务 名 称	任务一　新能源汽车维修绝缘防护套装的使用		
班级		姓名	
地点		日期	

一、收集信息

【引导问题】

1. 在新能源汽车维修过程中，防止触电的个人防护设备主要有_____、_____、_____、护目镜以及_____。

2. 认识绝缘防护套装：

序　号	名　称
a)	
b)	
c)	
d)	
e)	

a)　　　　b)　　　　c)

d)　　　　e)

【查阅资料】

1. 维修电动汽车高电压系统时，必须穿_____，绝缘防护服可防_____V以下电压。

2. 电工绝缘手套能够承受_____V以上的工作电压，具备抗碱性。

3. 绝缘鞋具有耐油、防砸、防刺穿、耐磨、耐酸碱、_____、防水、轻便等优点。

4. 高压电车辆维修用的_____应该具有侧面防护功能，以防止维修过程中产生的电火花对眼睛的伤害。

二、计划组织

小 组 组 别	
设 备 工 具	各类绝缘防护套装
组 织 安 排	一组四人：A 负责工具清洁整理；B 负责传递工具及清洁整理；C 负责工具操作及清洁整理；D 负责记录。各任务间轮换角色
准 备 工 作	检查安全环保措施、熟悉布置工作场景

三、任务实施

作业内容		质量要求	完成情况
绝缘防护服的穿戴	绝缘防护服的正确穿戴		□完成　□未完成
	绝缘防护服的应用场合		□完成　□未完成
	绝缘防护服的检查保存		□完成　□未完成
绝缘手套的穿戴	绝缘手套的正确穿戴		□完成　□未完成
	绝缘手套的应用场合		□完成　□未完成
	绝缘手套的检查保存		□完成　□未完成
绝缘鞋的穿戴	绝缘鞋的正确穿戴		□完成　□未完成
	绝缘鞋的应用场合		□完成　□未完成
	绝缘鞋的检查保存		□完成　□未完成
绝缘地垫的防护	绝缘地垫的正确使用		□完成　□未完成
	绝缘地垫的应用场合		□完成　□未完成
	绝缘地垫的检查保存		□完成　□未完成

四、评价反思

在教师的指导下，反思自己的工作方式和工作质量。

评 价 表			
项　　目	评价指标	自　评	互　评
专业技能	认识各类绝缘防护套装应用场合及熟知工作要求	□合格　□不合格	□合格　□不合格
	按穿戴要求完成防护用品的穿戴	□合格　□不合格	□合格　□不合格
	完整填写工作页	□合格　□不合格	□合格　□不合格
工作态度	着装规范，符合职业要求	□合格　□不合格	□合格　□不合格
	正确查阅维修资料和学习材料	□合格　□不合格	□合格　□不合格
	分工明确、配合默契	□合格　□不合格	□合格　□不合格
个人反思		完成任务的质量、时间是否达到最佳程度，是否符合安全操作规范和5S要求，请提出个人改进建议	
教师评价	教师签字： 日　　期：	成绩	
		□合格　□不合格	

任务名称	**任务二　新能源汽车维修拆装工具的选用及使用**		
班级		姓名	
地点		日期	

一、收集信息

【引导问题】

1. 在新能源汽车维修过程中，经常使用＿＿＿＿＿＿、＿＿＿＿＿＿、＿＿＿＿＿＿、＿＿＿＿＿＿、＿＿＿＿＿＿等。

2. 认识新能源汽车拆装工具套装：

序　　号	名　　称
a)	
b)	
c)	
d)	
e)	

a)　　　　b)　　　　c)

d)　　　　e)

【查阅资料】

1. ＿＿＿＿＿＿＿＿是一种用于紧固或旋松螺纹件的扳手工具，同时覆盖有绝缘层，能带电作业，安全有保障。

2. ＿＿＿＿＿＿＿＿可解决由于紧固螺栓松动导致的停电故障。

3. ＿＿＿＿＿＿＿＿采用铬钒钢材料，经特殊淬火和退火处理，可带电操作，能进行新能源汽车的维修和维护操作。

二、计划组织

小组组别	
设备工具	各类新能源汽车维修拆装工具
组织安排	一组四人：A负责工具清洁整理；B负责传递工具及清洁整理；C负责工具操作及清洁整理；D负责记录。各任务间轮换角色
准备工作	检查安全环保措施、熟悉布置工作场景

三、任务实施

作业内容		质量要求	完成情况
绝缘活扳手的使用	绝缘活扳手的正确操作		□完成 □未完成
	绝缘活扳手的应用场合		□完成 □未完成
	绝缘活扳手的使用注意事项		□完成 □未完成
万向绝缘扳手的使用	万向绝缘扳手的正确操作		□完成 □未完成
	万向绝缘扳手的应用场合		□完成 □未完成
	万向绝缘扳手的注意事项		□完成 □未完成
绝缘螺钉旋具的使用	绝缘螺钉旋具的正确操作		□完成 □未完成
	绝缘螺钉旋具的应用场合		□完成 □未完成
	绝缘螺钉旋具的使用注意事项		□完成 □未完成
绝缘电缆剥线刀的使用	绝缘电缆剥线刀的正确操作		□完成 □未完成
	绝缘电缆剥线刀的应用场合		□完成 □未完成
	绝缘电缆剥线刀的使用注意事项		□完成 □未完成
绝缘维修万用表的使用	绝缘维修万用表的正确操作		□完成 □未完成
	绝缘维修万用表的应用场合		□完成 □未完成
	绝缘维修万用表的使用注意事项		□完成 □未完成

四、评价反思

在教师的指导下，反思自己的工作方式和工作质量。

评 价 表			
项 目	评价指标	自 评	互 评
专业技能	认识各类新能源汽车拆装工具套装应用场合及熟知工作要求	□合格 □不合格	□合格 □不合格
	按新能源汽车拆装工具要求完成工具的使用	□合格 □不合格	□合格 □不合格
	完整填写工作页	□合格 □不合格	□合格 □不合格
工作态度	着装规范，符合职业要求	□合格 □不合格	□合格 □不合格
	正确查阅维修资料和学习材料	□合格 □不合格	□合格 □不合格
	分工明确、配合默契	□合格 □不合格	□合格 □不合格
个人反思		完成任务的质量、时间是否达到最佳程度，是否符合安全操作规范和5S要求，请提出个人改进建议	
教师评价	教师签字： 日 期：	成绩 □合格 □不合格	

本书是"十二五"职业教育国家规划立项教材的修订版，是根据教育部最新公布的中等职业学校汽车类专业教学标准，同时参考汽车维修职业资格标准编写的。

本书是根据汽车维修行业高素质技能型人才培养的需要，以能力标准为基础进行编写的，主要内容包括汽车维修手工工具的选用及使用、汽车维修电动工具的选用及使用、汽车维修气动工具的选用及使用、常用测量工具的选用及使用、汽车维修专用工具的选用及使用、汽车维修常用设备的使用、新能源汽车维修常用工具的使用，共七个项目，每个项目配有学生工作页。

本书可作为中等职业学校汽车运用与维修、汽车检测技术及相关专业教材，也可作为汽车服务人员及企业员工岗位培训教材。

为便于教学，本书配套有电子课件，选用本书作为教材的教师可登录www.cmpedu.com 网站，免费注册下载。

图书在版编目（CIP）数据

汽车常用工量具使用/张启森主编. —2 版. —北京：机械工业出版社，2021.2（2025.6重印）

"十二五"职业教育国家规划立项教材

ISBN 978-7-111-66872-5

Ⅰ. ①汽… Ⅱ. ①张… Ⅲ. ①汽车–车辆维修设备–中等专业学校–教材 Ⅳ. ①U472.46

中国版本图书馆 CIP 数据核字（2020）第 217002 号

机械工业出版社（北京市百万庄大街 22 号 邮政编码 100037）

策划编辑：曹新宇 责任编辑：曹新宇 谢熠萌

责任校对：李 婷 封面设计：张 静

责任印制：张 博

北京铭成印刷有限公司印刷

2025 年 6 月第 2 版第 8 次印刷

184mm×260mm · 12 印张 · 286 千字

标准书号：ISBN 978-7-111-66872-5

定价：49.00 元（含学生工作页）

电话服务　　　　　　　　网络服务

客服电话：010-88361066　　机 工 官 网：www.cmpbook.com

　　　　　010-88379833　　机 工 官 博：weibo.com/cmp1952

　　　　　010-68326294　　金 书 网：www.golden-book.com

封底无防伪标均为盗版　　机工教育服务网：www.cmpedu.com

"十二五"职业教育国家规划立项教材

U0728502

汽车常用工量具使用

第 2 版

主　编　张启森

副主编　周　云　蔡　祥　彭桂枝

参　编　王　婷　是云飞　蒋云良

主　审　汤爱国

机械工业出版社
CHINA MACHINE PRESS

目　录

学生工作页

姓　　名:＿＿＿＿＿＿＿＿＿

班　　级:＿＿＿＿＿＿＿＿＿

学　　号:＿＿＿＿＿＿＿＿＿

指导教师:＿＿＿＿＿＿＿＿＿

机 械 工 业 出 版 社

本书是由全国机械职业教育教学指导委员会和机械工业出版社联合组织编写的"十二五"职业教育国家规划立项教材的修订版。本书相关编写人员，根据《教育部关于职业院校专业人才培养方案制订与实施工作的指导意见》（教职成〔2019〕13号）、《职业院校教材管理办法》和《普通高等学校教材管理办法》（教材〔2019〕3号）对教材进行了修订，增加了项目七 新能源汽车维修常用工具的使用和全书配套学生工作页。

本书将文化教育与素质教育相融合，以专业人才培养目标为依据，以所在专业能力结构为主线。文字简洁、通俗易懂、图文并茂、形象直观，在培养学生专业能力的同时，关注学生身心的健康发展，坚定学生的理想信念，加强职业道德与爱国主义的教育，激发学生的家国情怀和使命担当，培养适合新时代发展需要的高素质人才。

本书主要介绍汽车维修手工工具、电动工具、气动工具、常用测量工具、维修专用工具的选用和使用，以及汽车维修常用设备和新能源汽车维修常用工具的使用。本书注重培养学生的职业素养和实践能力，培养学生适应汽车维修岗位需要的专业能力及适应专业发展需要的关键职业能力。本书编写过程中力求体现以下特色：

1）执行新标准：本书依据最新教学标准和课程大纲要求，把行业能力标准作为专业课程教学目标和鉴定标准，按照能力标准组织教学内容，以适应岗位职业能力需求变化。

2）体现新模式：本书采用理实一体化的编写模式，采用"项目-任务"的结构框架，并借鉴国际职业教育先进理念，突出"做中学，学中做"的职业教育特色。

3）适应新体系：本书与专业通用基础教材相衔接，适用于汽车机械维修、汽车电气维修、汽车钣金与美容、汽车检测等专业方向体系的学习。

4）符合新技术：随着汽车制造水平的提高，汽车维修内容和工艺较之以往也有了不小的变化。本书根据相关岗位的实际需求，以实践图例为主，合理确定学习目标和学习任务，注重综合能力的培养。

5）适合新职教：本书配备了课件和学生工作页，更便于师生学习、评价和考核。

本书在内容处理上主要有以下几点说明：教师能胜任理论与实践一体化教学；采用项目教学法，以小组学习形式为主；建议为40学时，理论教学与实践教学学时比例约为1:2。学时分配建议见下表。

项　目	任　务	建议学时
项目一　汽车维修手工工具的选用及使用	任务一　扳手的选用及使用	1
	任务二　螺钉旋具的选用及使用	1
	任务三　钳子的选用及使用	1
	任务四　剪切设备的选用及使用	1
	任务五　锤子的选用及使用	1

（续）

项　　目	任　　务	建议学时
项目二　汽车维修电动工具的选用及使用	任务一　手电钻的选用及使用	2
	任务二　砂轮机的选用及使用	1
	任务三　切割机的选用及使用	1
	任务四　抛光机的选用及使用	2
项目三　汽车维修气动工具的选用及使用	任务一　气动扳手的选用及使用	2
	任务二　气动打磨机的选用及使用	2
	任务三　气动锯的选用及使用	2
项目四　常用测量工具的选用及使用	任务一　常用测量尺的选用及使用	2
	任务二　专用测量尺的选用及使用	2
	任务三　百分表的选用及使用	2
	任务四　密度计的选用及使用	1
	任务五　万用表的选用及使用	1
项目五　汽车维修专用工具的选用及使用	任务一　气门钳的选用及使用	1
	任务二　活塞卡箍的选用及使用	1
	任务三　火花塞套筒的选用及使用	1
	任务四　顶拔器的选用及使用	1
	任务五　离合器压盘拆装器的选用及使用	1
项目六　汽车维修常用设备的使用	任务一　举升机的使用	2
	任务二　千斤顶的使用	2
	任务三　动平衡检测仪的使用	2
项目七　新能源汽车维修常用工具的使用	任务一　新能源汽车维修绝缘防护套装的使用	2
	任务二　新能源汽车维修拆装工具的选用及使用	2
合　计		40

全书共七个项目，由无锡汽车工程高等职业技术学校张启森担任主编，周云、蔡祥、彭桂枝担任副主编，汤爱国担任主审。具体编写分工如下：张启森编写项目一，蒋云良编写项目二，是云飞编写项目三，周云编写项目四，蔡祥编写项目五，王婷编写项目六，彭桂枝编写项目七。本书在编写过程中，编者参阅了国内外出版的有关教材和资料，在此对有关人员一并表示衷心感谢！

由于编者水平有限，书中不妥之处在所难免，恳请读者批评指正。

编　者

目 录

项目一

汽车维修手工工具的选用及使用

项 目 描 述

　　在汽车维修中，各类手工工具的应用较为广泛，正确利用各类手工工具进行拆卸、装复、调整和维修，在维持汽车的安全性能和使用性能，保证汽车具有较高的使用强度，提高汽车的安全性，保证汽车的正常行驶方面起到了重要作用。本项目主要围绕汽车维修手工工具的选用及使用进行学习和训练。

任务一　扳手的选用及使用

任务目标

1. 了解各类扳手的特点和应用场合。
2. 学会各种扳手的选用和使用。
3. 学会正确使用扳手对汽车各种零部件进行拆装。

知识储备

　　在汽车修理中，为了更换螺栓、螺母或拆下其他零件，通常使用梅花扳手、呆扳手或成套的套筒扳手。可根据工作空间和维修条件的限制，灵活选择扳手类型。

一、分类

　　汽车维修中常见的扳手类型主要有梅花扳手、呆扳手、梅花开口两用扳手、活扳手、L形扳手、T形扳手、套筒扳手和扭力扳手等，如图1-1所示。

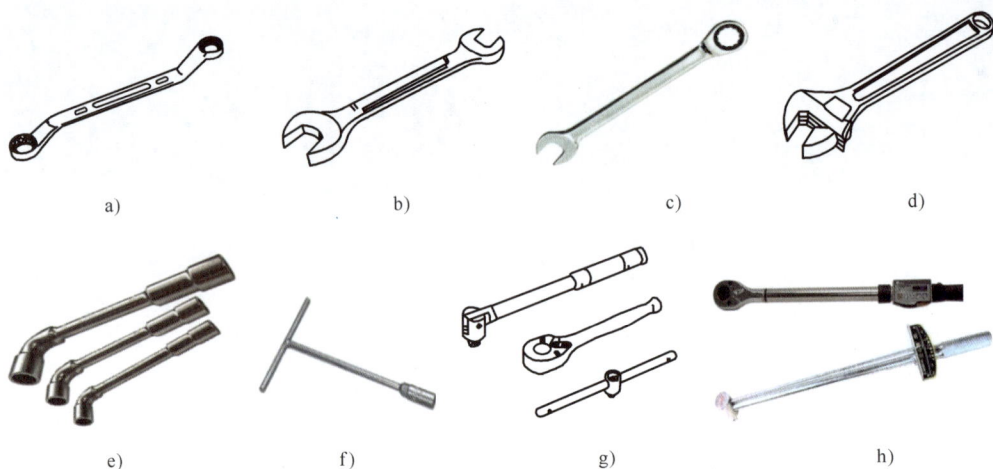

图 1-1　常见扳手类型

a）梅花扳手　b）呆扳手　c）梅花开口两用扳手　d）活扳手　e）L 形扳手
f）T 形扳手　g）套筒扳手　h）扭力扳手

二、应用场合

1. 梅花扳手

（1）功用　梅花扳手（图 1-2）的工作部位呈花环状，它套住螺母扳转时可使六角受力均匀。梅花扳手适应性强，扳转力大，适用于拆装所处空间狭小的螺栓或螺母。标准规格的螺栓、螺母均可使用梅花扳手拆装，特别是螺栓、螺母需用较大力矩拆装时，应使用梅花扳手。

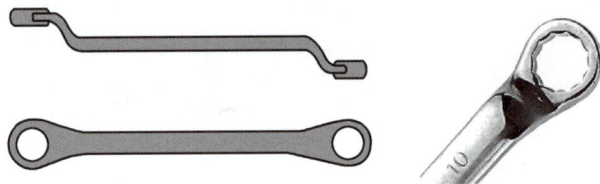

图 1-2　梅花扳手

（2）使用要求

1）轻力扳转时，大拇指抵住扳头；重力扳转时，四指与拇指应上下握紧扳手手柄，往身边扳转。

2）扳转时，不准在梅花扳手上任意加套筒或锤击。

3）禁止使用内孔磨损过度的梅花扳手。

4）不能将梅花扳手当撬棒使用。

5）禁止用酸、碱液或水清洗扳手。保管时，应用煤油或柴油清洗，然后再涂上一层薄润滑脂。

2. 呆扳手

（1）功用　呆扳手（图 1-3）多用于拧紧或拧松标准规格的螺栓或螺母，可以从上、下套入或横向插入，使用方便。

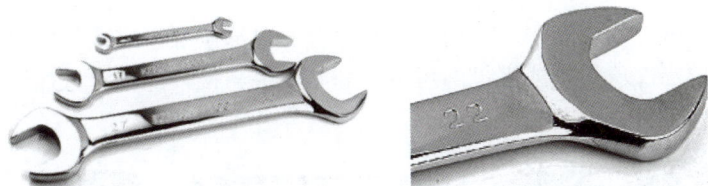

图 1-3　呆扳手

（2）使用要求　呆扳手使用要求与梅花扳手相同，使用时应注意受力方向，禁止使用开口处磨损过度的呆扳手，以免损坏螺栓或螺母的六角，不能将米制扳手与英制扳手混用。

3. 活扳手

（1）功用　活扳手（图 1-4）由固定部分和可调部分组成，扳手的开度大小可以调整。活扳手一般用于不同尺寸的螺栓或螺母的拆装。

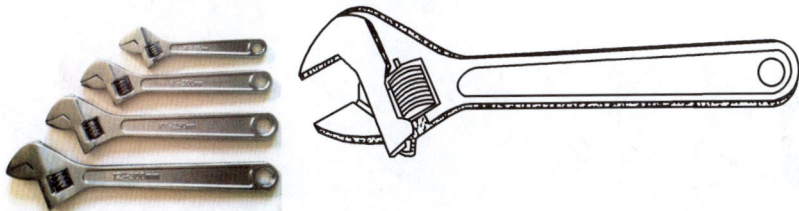

图 1-4　活扳手

（2）使用要求

1）使用活扳手时，应根据螺栓或螺母的尺寸预先调好活扳手的开口，使之与螺栓或螺母的六角一致。

2）扳转时，应使固定部分承受拉力，以免损坏活动部分。

3）扳转时，不准在活扳手的手柄上随意加套筒或锤击。

4）禁止将活扳手当锤子使用。

4. L 形扳手和 T 形扳手

（1）功用　L 形扳手和 T 形扳手（图 1-5）的功用与其他扳手一样，但相对呆扳手、套筒扳手等，L 形扳手和 T 形扳手使用更方便、快捷，极大地提高了维修效率。

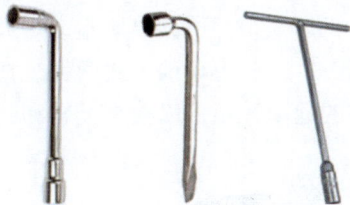

图 1-5　L 形扳手和 T 形扳手

（2）使用要求　L 形扳手可分为两端全为套筒和一端套筒、一端螺钉旋具两种类型。T 形扳手主要用于空间较小、力矩需求较大、快速拆卸的场合。

5. 套筒扳手

（1）功用 套筒扳手（图1-6）由一套尺寸不同的套筒和一根弓形的快速摇柄组成，对标准规格的螺栓或螺母均可使用。套筒扳手既适合一般部位螺栓或螺母的拆装，也适合处于深凹部位和隐蔽狭小部位螺栓或螺母的拆装。套筒扳手与接杆配合，可加快拆装速度和拆装质量，套筒组合各附件如图1-7所示。

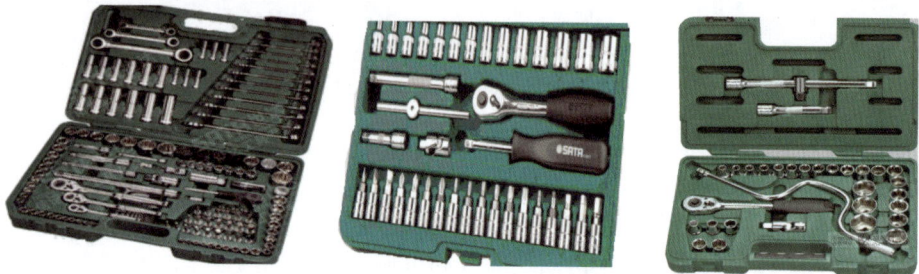

图1-6 套筒扳手

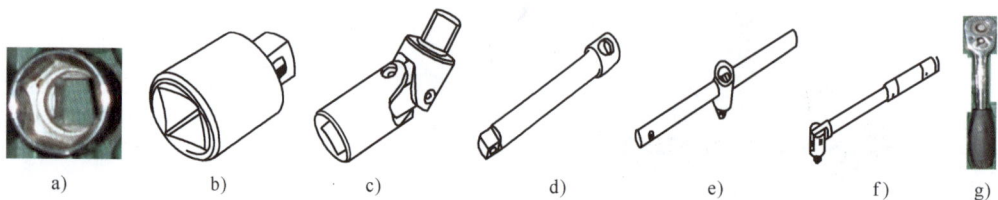

a)　　　　　b)　　　　　c)　　　　　d)　　　　　e)　　　　　f)　　　　　g)

图1-7 套筒组合各附件

a）套筒 b）套筒接合器 c）万向节 d）加长杆 e）滑动手柄 f）旋转手柄 g）棘轮手柄

（2）使用要求

1）使用时根据螺栓或螺母的尺寸选好套筒，将套筒一端套在快速摇柄的方形端头上（视需要与长接杆或短接杆配合使用），再将套筒套住螺栓或螺母，转动快速摇柄进行拆装。

2）用棘轮手柄扳转时，不准拆装过紧的螺栓或螺母，以免损坏棘轮手柄。

3）拆装时，握快速摇柄的手切勿摇晃，以免套筒滑出或损坏螺栓或螺母的六角。

4）禁止用锤子将套筒击入变形的螺栓或螺母的六角进行拆装，以免损坏套筒。

5）禁止使用内孔磨损过度的套筒。工具用毕，应清洗油污并妥善放置。

6. 扭力扳手

（1）功用 扭力扳手（图1-8）是一种可读出所施力矩大小的专用工具，其规格是以最大可测力矩来划分的，常用的有指针式和力矩预置式两种。扭力扳手除用来控制螺纹件旋紧力矩外，还可以用来测量旋转件的起动转矩，以检查配合和装配情况。

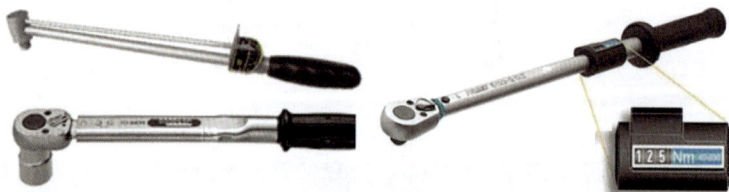

图1-8 扭力扳手

（2）使用要求　扭力扳手既可用于初紧又可用于终紧，使用时应先调节拧紧力矩，再紧固螺栓。扭力扳手操作方便、省时省力，并且可以调整力矩大小。

任务实施

示　意　图	操　作　提　示
1. 梅花扳手的使用	
	梅花扳手两端呈花环状，其内孔以两个正六边形相互错开30°而成
	使用梅花扳手时应利用两端的弯头，一般弯头角度呈10°~45°；使用时要为手指旋转提供空间，防止擦伤皮肤 　扳手应与螺栓或螺母的平面保持水平，以免用力时扳手滑出伤人
	由于螺栓或螺母的六角头表面被包住，因此没有损坏螺栓角的危险，可施加大力矩
	使用注意事项： 1）不能在扳手尾端加接套筒延长力臂，以防损坏扳手 2）不能用锤子敲击扳手，以防扳手变形或损坏 3）不能将米制扳手与英制扳手混用，以免造成打滑而伤及使用者 4）禁止使用带裂纹和内孔已严重磨损的扳手
2. 呆扳手的使用	
	呆扳手两头均为 U 形的钳口，可将相应尺寸的螺栓或六角螺母的两个对向面套住，并进行拆卸或装复

（续）

示　意　图	操　作　提　示
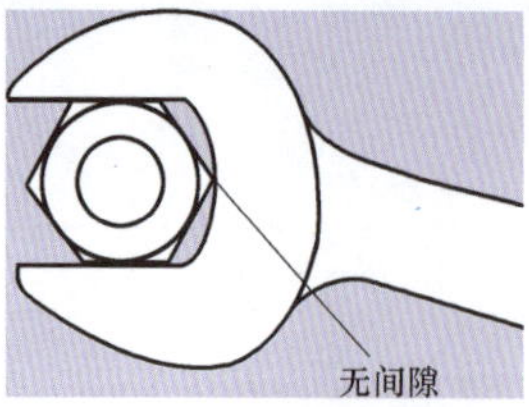	呆扳手的规格应与螺母或螺栓的规格一致，在操作时，两者间应无间隙
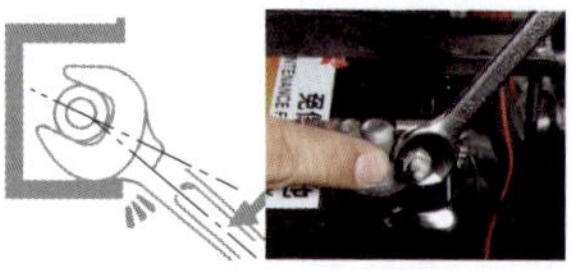	呆扳手主要用于空间小的场合或特殊位置，其他扳手插不进，使用呆扳手比较方便
	使用注意事项： 　　1）扳转时严禁在呆扳手上套用套筒或敲击，以免损坏扳手或损伤螺母或螺栓 　　2）禁止将呆扳手当撬棒使用

3. 活扳手的使用

示　意　图	操　作　提　示
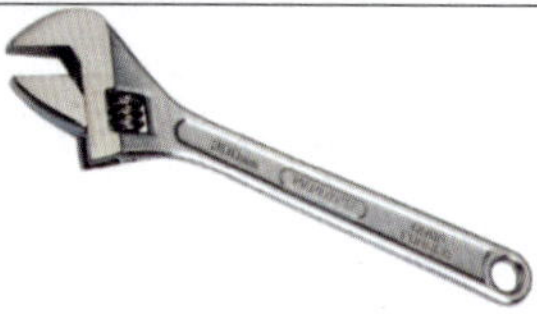	活扳手是一种旋紧或拧松螺钉或螺母的工具。手握位置越靠后，扳动起来越省力。调节扳口的大小时，手应握在靠近固定钳口处，并用大拇指旋转开口调节螺母，以适应螺钉或螺母的大小
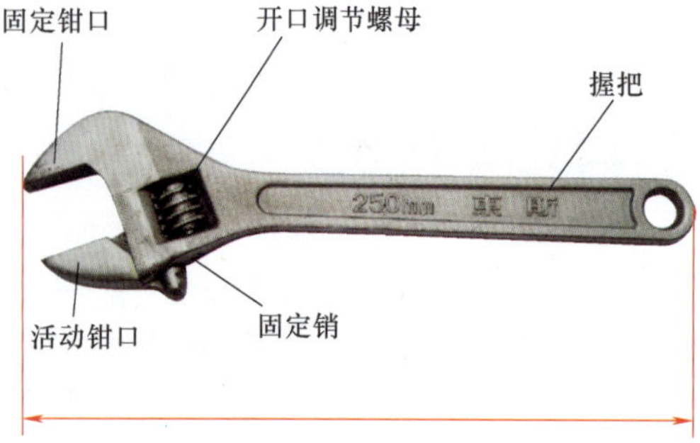	活扳手的组成及功用： 　　1）固定钳口、活动钳口用于夹紧工件 　　2）开口调节螺母用于调节扳手开口大小 　　3）握把用于加长力臂 　　4）固定销用于防止开口调节螺母脱落
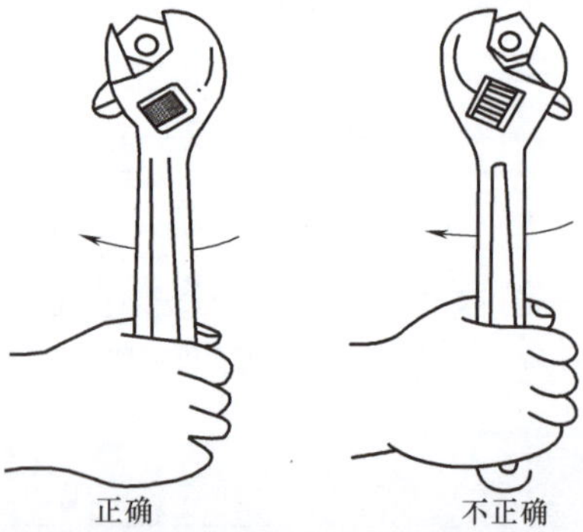	活扳手的扳口在夹持螺母时，固定钳口在上，活动钳口在下。活扳手切记不可反过来使用

（续）

示　意　图	操　作　提　示
开口过大　扳手规格过大	使用注意事项： 1）活扳手开口大小要适当，防止打滑，以免损坏工件，并避免造成人员受伤 2）应按螺栓或工件大小，选用适当的活扳手
4. 套筒扳手的使用	
	套筒扳手是一种组合型工具，使用时常由套筒、接杆、摇柄等共同组合使用。套筒扳手的套筒部分与梅花扳手的端头相似，并制成单件，可根据需要，选用不同规格的套筒和各种手柄进行组合
	套筒扳手在工作时应注意棘轮棘爪的方向，查看旋紧还是旋松；套筒的规格须与被拧的螺母或螺栓规格相同。工作时需对棘轮棘爪进行保护
锁住　空转　空转　锁住 锁紧　放松	根据要旋动的螺栓或螺母选择大小合适的棘轮；根据旋动的方向，选择方向合适的棘轮或者调整双向棘轮的方向；使用时将棘轮套住螺栓或螺母旋动即可
	使用注意事项： 1）使用前要调整正确的棘轮方向 2）拧紧力矩不能过大，否则会损坏套筒扳手 3）使用时套筒扳手要与螺母或螺栓完全吻合

（续）

示 意 图	操作提示
5. 扭力扳手的使用	
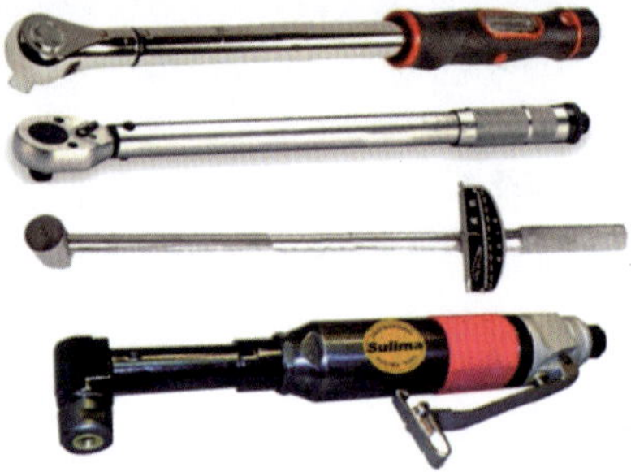	扭力扳手一般分为电动扭力扳手和手动扭力扳手。手动扭力扳手又可分为机械式扭力扳手和预置式扭力扳手
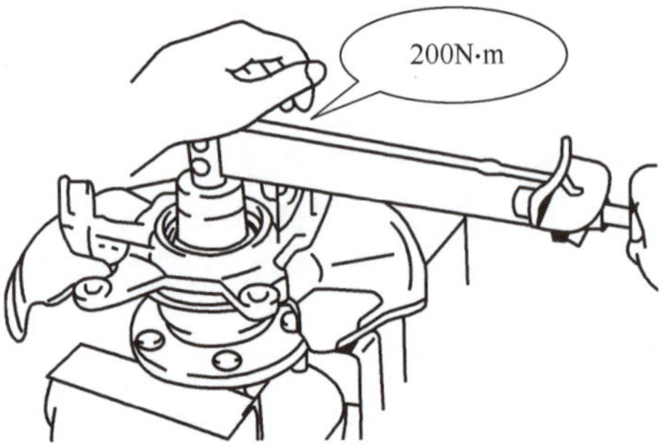	机械式扭力扳手可根据相关技术要求对螺栓或螺母进行旋紧或拧松，拧动扳手时，可察看指针是否到达规定刻度位置
	预置式扭力扳手可根据技术要求设定力矩值，当拧动扳手达到设定力矩值时，扳手会发出清晰的响声，并且在手柄上可感觉到轻微振动
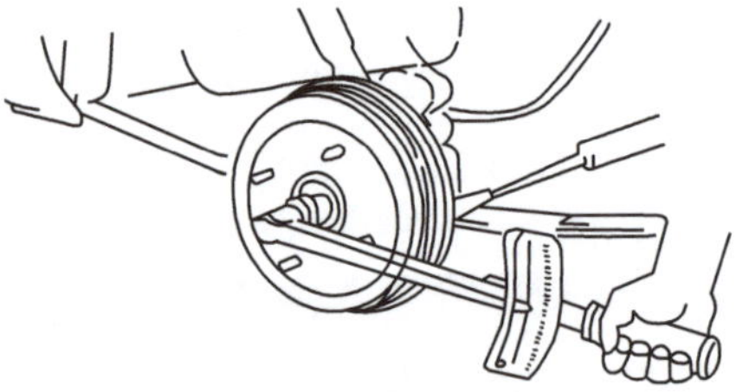	使用注意事项： 1）请勿在闭锁状态下转动手柄，以防损坏扭力设定装置 2）扭力扳手的正常使用程序是先旋紧螺母，后校正拧紧力矩

注意事项

1）所选用的各类扳手的规格必须与螺栓或螺母的规格相符，扳手开口过大易滑脱并损伤螺纹件的六角。在进口汽车维修过程中，应注意扳手米制、英制的选择。

2）各类扳手的选用原则是一般优先选用套筒扳手，其次为梅花扳手，再次为呆扳手，最后选择活扳手。

3）为防止扳手损坏和滑脱，应使拉力作用在开口较厚的一边，这一点对受力较大的活扳手尤其应该注意，以防开口出现"八"字形，损坏螺母和扳手。

4）使用扭力扳手时，当听到"啪"的一声时，表明是最合适的。

课后测评

一、填空题

1. ＿＿＿＿＿＿＿＿＿用起来对螺栓或螺母的棱角损坏程度小，但切勿用大力，以防扭断螺栓。

2. ＿＿＿＿＿＿＿＿＿使用灵活安全，可以任意组合。

3. ＿＿＿＿＿＿＿＿＿的开口尺寸在一定范围内可任意调节。

4. ＿＿＿＿＿＿＿＿＿可读出所施拧紧力矩大小。

5. 扳手的选用原则是＿＿＿＿＿＿＿＿＿＿＿＿＿＿＿＿＿＿＿＿＿＿。

二、判断题

1. 使用扳手时，应使拉力作用在开口较薄的一边。　　　　　　　　　　（　　）

2. 除套筒扳手外，其他扳手都不能装加接杆。　　　　　　　　　　　　（　　）

3. 扭力扳手既可初紧又可终紧，使用时，应先调节力矩，再紧固螺栓。扭力扳手操作方便、省时省力、拧紧力矩可调。　　　　　　　　　　　　　　　　　（　　）

4. 扭力扳手遇到较紧的螺纹件时，适时可用锤子击打扳手。　　　　　　（　　）

三、选择题

1. （　　）适应性强，扳转力大，适用于拆装所处空间狭小的螺栓或螺母。

　　A. 梅花扳手　　　　　　B. 活扳手　　　　　　C. 套筒扳手　　　　　D. 扭力扳手

2. （　　）由固定部分和可调部分组成，扳手的开度大小可以调整。

　　A. 梅花扳手　　　　　　B. 活扳手　　　　　　C. 套筒扳手　　　　　D. 扭力扳手

3. （　　）主要用于快速拆卸的场合。

　　A. 梅花扳手　　　　　　B. 活扳手　　　　　　C. T形扳手　　　　　D. 扭力扳手

4. （　　）由一套尺寸不同的套筒和一根弓形的快速摇柄组成，对标准规格的螺栓或螺母均可使用。

　　A. 梅花扳手　　　　　　B. 活扳手　　　　　　C. 套筒扳手　　　　　D. 扭力扳手

5. （　　）是一种可读出所施力矩大小的专用工具。

　　A. 梅花扳手　　　　　　B. 活扳手　　　　　　C. 套筒扳手　　　　　D. 扭力扳手

任务二　螺钉旋具的选用及使用

任务目标

1. 了解各类螺钉旋具的特点和应用场合。

2. 学会各种螺钉旋具的选用和使用。

3. 学会正确使用螺钉旋具对汽车各种零部件进行拆装。

知识储备

一、分类

螺钉旋具的样式和规格较多，按头部形状分，常用的有一字形、十字形等；按握柄材料分，常用的有木柄、塑料橡胶柄等。

汽车维修常用螺钉旋具类型主要有一字形、十字形、米字形、方形、六角形等，其中一字形和十字形是汽车维修过程中最常用的。螺钉旋具的截面形状如图1-9所示。

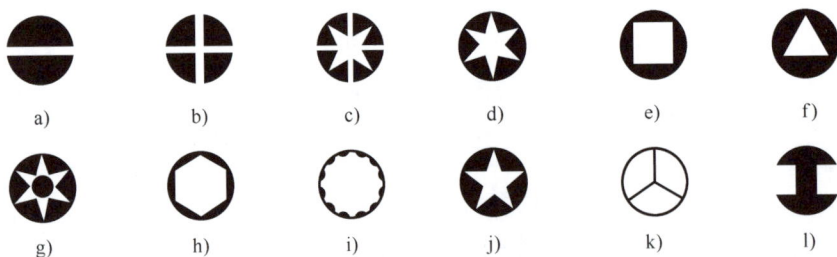

图1-9　螺钉旋具的截面形状

a）一字形　b）十字形　c）米字形　d）棉花形　e）方形　f）三角形　g）中孔棉花形　h）六角形
i）十二角形　j）五角形　k）三叉形　l）U形

一字形螺钉旋具和十字形螺钉旋具在日常生活和汽车维修过程中应用广泛，如图1-10所示。

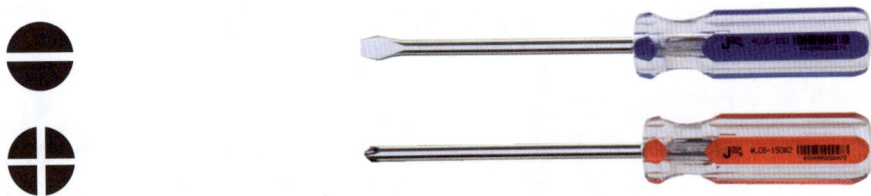

图1-10　一字形螺钉旋具和十字形螺钉旋具

二、应用场合

螺钉旋具是通过头部插入螺钉头部的槽缝内，拧紧或拧松至使用要求的工具。一般螺钉旋具的把手要比头部粗，这就会使人手的力矩比较大，利于转动和拧紧螺钉。

1. 一字形螺钉旋具

将螺钉旋具拥有特定形状的端头对准螺钉的顶部凹坑（图1-11），固定后开始旋转握柄。根据规格标准，顺时针方向旋转为嵌紧，逆时针方向旋转则为松出。一般一字形螺钉旋具可以应用于十字螺钉，十字螺钉拥有较强的抗变形能力。

2. 十字形螺钉旋具

应按照用途选择合适类型、规格和尺寸的十字形螺钉旋具（图1-12），不同类型的十字形螺钉旋具分别用于不同的场合。

图 1-11　一字形螺钉旋具的应用

1）穿透螺钉旋具。穿透螺钉旋具可用于上紧固定螺钉。

2）短柄螺钉旋具。短柄螺钉旋具可用在拆卸并更换螺钉空间有限的地方。

3）方柄螺钉旋具。方柄螺钉旋具可用在需要大力矩的地方。

4）精密螺钉旋具。精密螺钉旋具可用在拆卸并更换小零件的地方。

a)　　　　　　　　b)　　　　　　　　c)　　　　　　　　d)

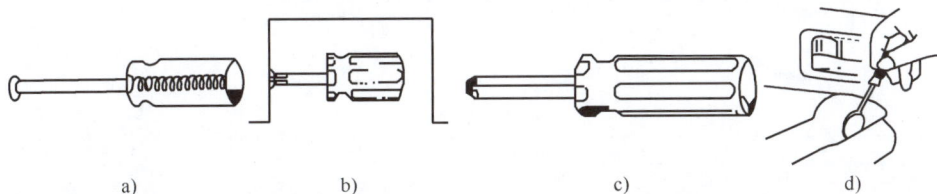

图 1-12　十字形螺钉旋具

a）穿透螺钉旋具　b）短柄螺钉旋具　c）方柄螺钉旋具　d）精密螺钉旋具

任务实施

示 意 图	操 作 提 示
1. 螺钉旋具的选用	
	汽车维修时，应根据螺钉或螺栓的顶部形状，选择合适类型和尺寸的螺钉旋具
2. 螺钉旋具的操作	
无间隙	螺钉旋具工作时需贴紧工件表面，无间隙进行拧紧或旋松操作

（续）

示 意 图	操 作 提 示
3. 使用注意事项	
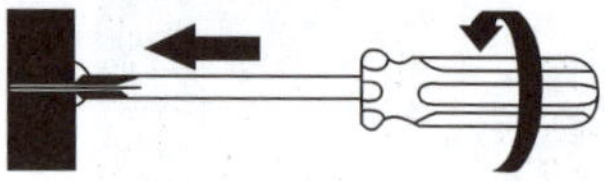	螺钉旋具操作时，握柄需与工作平面垂直 工件受到的压紧力矩与旋转力矩比应为 7∶3
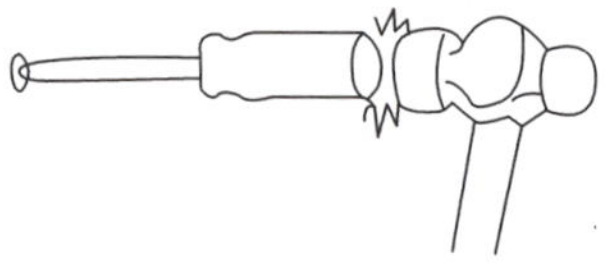	工作过程中，不得使用锤子、钢丝钳、铜棒等物体敲击螺钉旋具握柄
	工作过程中，不得使用鲤鱼钳、钢丝钳等物体夹紧螺钉旋具杆部施加力矩，这样可能损坏螺钉槽口或旋具方柄本身
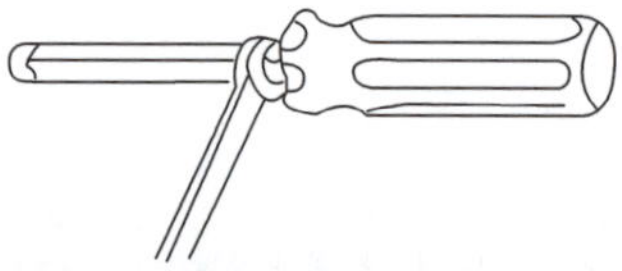	工作过程中，不得使用呆扳手等物体夹紧螺钉旋具进行旋转操作
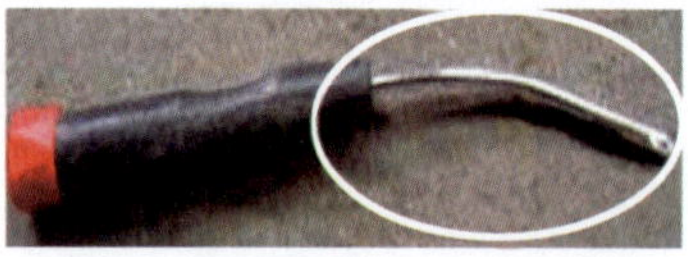	不能将螺钉旋具当成撬棒使用，这样会造成螺钉旋具弯曲或断裂

注意事项

1）使用螺钉旋具时，应右手握住螺钉旋具，手心抵住柄端，螺钉旋具与螺钉同轴心，压紧后用手腕旋转。

2）使用螺钉旋具时，螺钉旋具应垂直，刃口应与螺钉槽口的大小、宽窄、长短相适应。

3）使用前需清理螺钉槽内和螺钉旋具头部的油污和脏物。

4）若螺钉旋具头部太厚不能插入槽口中，则不得强行旋转；切勿用鲤鱼钳、锤子或其他工具通过外力施加拧紧力矩。

课后测评

一、填空题

1. 螺钉旋具的样式和规格较多，按头部形状分，常用的有_____、_____等；按握柄材料分，常用的有_____、_____和_____等。

2. 螺钉旋具是通过头部插入螺钉头部的_____，拧紧或拧松至使用要求的工具。螺钉旋具的把手要比头部_____，这就会使人手的_____比较大，利于_____和_____螺钉。

3. 应按照用途选择合适_____、_____和_____的螺钉旋具。

4. 方柄螺钉旋具可用在需要_____的地方。

5. 精密螺钉旋具可用在拆卸并更换_____零件的地方。

二、判断题

1. 使用螺钉旋具时，握柄需与工作平面平行。　　　　　　　　　　（　　）

2. 工件受到的压紧力矩与旋转力矩比应为7∶3。　　　　　　　　　（　　）

3. 工作过程中，可适当采用锤子、钢丝钳和铜棒等物体敲击握柄。　（　　）

4. 工作过程中，不得采用鲤鱼钳、钢丝钳等物体夹紧螺钉旋具杆部施加力矩，这样可能损坏螺钉槽口或方柄本身。　　　　　　　　　　　　　　　　　　（　　）

5. 螺钉旋具使用后，需清理螺钉槽内和旋具头部的油污和脏物。　　（　　）

三、选择题

1. （　　）主要用于上紧固定螺钉。

A. 穿透螺钉旋具　　　B. 短柄螺钉旋具　　　C. 方柄螺钉旋具　　　D. 精密螺钉旋具

2. （　　）可用在拆卸并更换螺钉空间有限的地方。

A. 穿透螺钉旋具　　　B. 短柄螺钉旋具　　　C. 方柄螺钉旋具　　　D. 精密螺钉旋具

3. （　　）可用在拆卸并更换小零件的地方。

A. 穿透螺钉旋具　　　B. 短柄螺钉旋具　　　C. 方柄螺钉旋具　　　D. 精密螺钉旋具

任务三　钳子的选用及使用

任务目标

1. 了解各类钳子的特点和应用场合。
2. 学会各种钳子的选用和使用。
3. 学会正确利用钳子对汽车各种零部件进行操作。

知识储备

一、分类

钳子在汽车维修过程中起到夹紧、剪切和剥线等作用，主要有钢丝钳、尖嘴钳、鲤鱼钳、剥线钳、管子钳和大力钳等类型，如图1-13所示。

二、应用场合

1. 钢丝钳

钢丝钳又称老虎钳、花腮钳（图1-14），在汽车维修中应用非常广泛。钢丝钳按长度不同一般有三种规格，分别是150mm、175mm和200mm。钢丝钳用于钳口夹持或折断金属薄

a)   b)   c)

d)   e)   f)

图 1-13   钳子的类型

a）钢丝钳   b）尖嘴钳   c）鲤鱼钳   d）剥线钳   e）管子钳   f）大力钳

板以及切断金属丝，钳柄一般带有绝缘皮，可供有电的场合使用。

图 1-14   钢丝钳

2. 尖嘴钳

尖嘴钳（图 1-15）主要用来剪切线径较细的机件或线束，以及给导线接头、剥塑料绝缘层等，能在较狭小的工作空间操作，不带刃口的只能进行夹捏工作，带刃口的还能剪切细小零件。它是汽车电器修理工作常用的工具之一。

图 1-15   尖嘴钳

3. 鲤鱼钳

鲤鱼钳（图 1-16）的特点是钳口的开口宽度有两档调节位置，可放大或缩小。鲤鱼钳主要用于夹持圆形零件，也可代替扳手旋紧螺母和小螺栓，其钳口后部刃口可用于切断金属丝。鲤鱼钳在汽修行业中应用较多。

图 1-16   鲤鱼钳

4. 剥线钳

剥线钳（图 1-17）是汽车电器维修、电机修理、仪器仪表电工常用的工具之一，专门用于剥除电线头部的表面绝缘层。

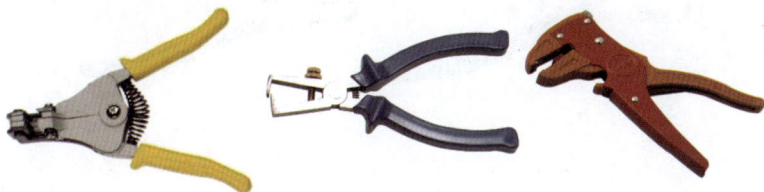

图 1-17 剥线钳

5. 管子钳

管子钳（图 1-18）一般用来夹持扭转管子、圆棒以及用其他扳手难以夹持、扭转的光滑的圆柱形工件。管子钳广泛用于汽车制冷管、液压油管道的剪切和安装。

图 1-18 管子钳

6. 大力钳

大力钳（图 1-19）主要用于夹持零件进行铆接、焊接、钻孔、磨削等加工，其特点是钳口可以锁紧并产生很大的夹紧力，使被夹紧的零件不会松脱，而且其钳口有很多档可调节位置，可夹紧不同厚度的零件。另外，大力钳也可作扳手使用。

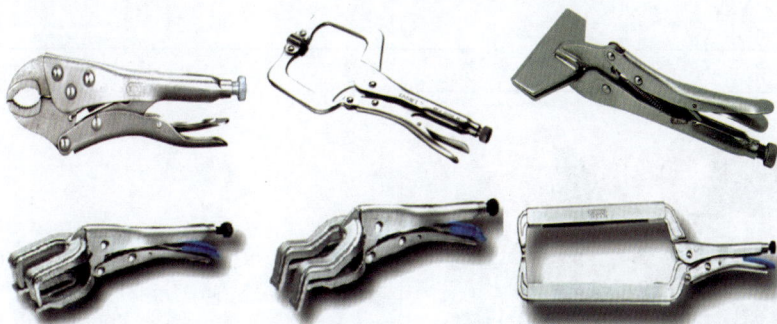

图 1-19 大力钳

7. 卡簧钳

卡簧钳（图 1-20）分为孔用和轴用两种。它们都是用来把卡在孔间或者轴上的用来防止机件轴向窜动的定位卡簧取出或者安装时使用的专用工具。卡簧钳按照工作场合可分为内卡簧钳和外卡簧钳。

图 1-20 卡簧钳

任务实施

示　意　图	操　作　提　示
1. 钢丝钳的使用	
	钢丝钳用来夹持零件或切割细导线。由于刀片尖部为圆形，故可以用来切割细线，或者从线束中选择所需的线并切下
	注意：钢丝钳不能切割硬的或粗的金属线，否则会损坏钳口
2. 尖嘴钳的使用	
	尖嘴钳一般用于夹紧小零件的情况；尖嘴钳长而细，使其也适于在密封空间里使用。尖嘴钳包括一个朝向颈部的刀片，可以切割细导线或从电线上去掉绝缘层

（续）

示　意　图	操　作　提　示
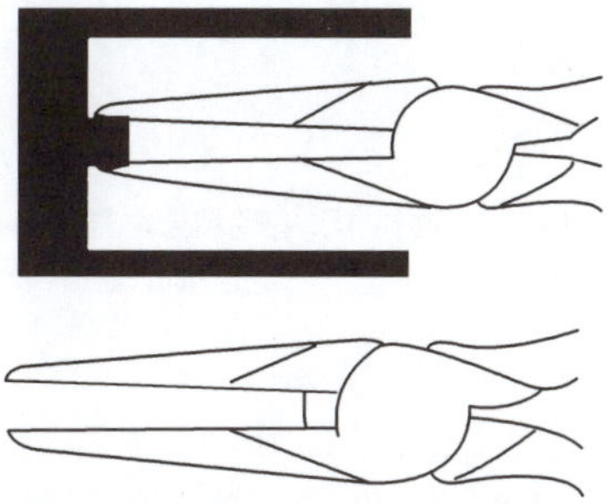	切勿对尖嘴钳头部施加过大的压力，这样会导致它们成U字形打开，使其不能用于精密工作

3. 鲤鱼钳的使用

	鲤鱼钳的手柄比较长，可通过改变支点上孔的位置来调节钳口打开的程度。使用时，通常其钳口处会夹一块布以防损坏易损件
	切勿用鲤鱼钳夹紧螺母等部件，以防损伤零部件

4. 剥线钳的使用

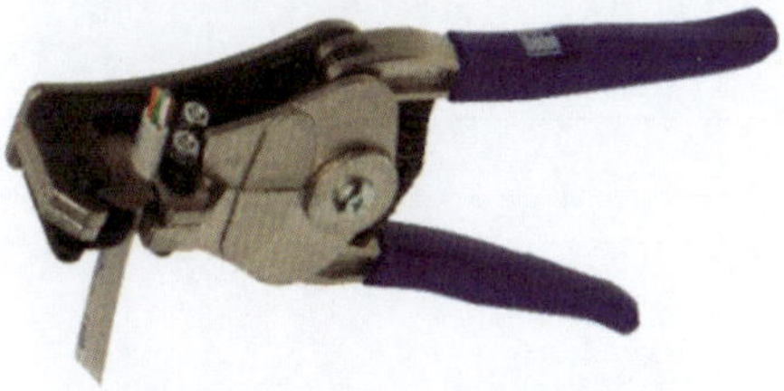	剥线钳用于拧紧或拧断小直径电线管上的绝缘层 　剥线钳钳口有多个剥线切口用于拔切不同的导线，使用方法与活扳手相同

5. 管子钳的使用

	管子钳用于紧固或拆卸各种管子、管路附件或圆形零件，是管路安装和修理的常用工具。其钳体有铝合金制造的，铝合金的特点是重量轻、使用轻便、不易生锈

（续）

示　意　图	操　作　提　示
	使用管子钳时应小心操作，避免锯齿在管子表面留下划痕或损坏表面
6. 大力钳的使用	
	使用大力钳时，向外旋转调整螺母，钳爪的开口尺寸将增大；向内旋转调整螺母，钳爪的开口尺寸将减少 　　通过压下和拉起释放手柄，可调节压紧工件的压力
	大力钳主要用于夹持零部件进行铆接、焊接、磨削等加工，但应注意，大力钳会加剧螺母或螺栓的损坏程度
7. 卡簧钳的使用	
	应根据合适的工件规格，选择合适的卡簧钳 　　选用卡簧钳时需注意内、外方向，并观察钳头是否损坏，不得用卡簧钳敲卡簧

（续）

示　意　图	操　作　提　示
	常态时，钳口打开的是孔用卡簧钳，钳口闭合的是轴用卡簧钳

注意事项

1）使用前应注意挑选与工件规格相适应的钢丝钳，以免钳子因受力过大而损坏。

2）严禁用钳子代替扳手拧紧或拧松螺栓或螺母等带棱角的工件，以免损坏螺栓或螺母的棱角。

3）不得使用钳子切割过硬的金属丝，以免损坏刃口。

4）电工使用时，必须先确定钳柄是否有漏电危险。

5）当钳子咬住金属丝切割不断时，不得使用锤子敲打钳子。

6）使用尖嘴钳时，应首先检查钳柄是否损坏。

7）不得用钳子切断带电导线。

8）用钳子缠绕抱箍拉线时，钳子齿口应夹住铁丝，并以顺时针方向缠绕。

9）禁止用钳子夹持高温零件。

课后测评

一、填空题

1. 钳子在汽车维修过程中主要起到_____、_____和_____等作用。

2. 钳子主要有_____、_____、_____、_____、_____和_____等类型。

3. 剥线钳专供剥除电线头部的_____。

4. 卡簧钳分_____和_____两种，按照工作场合可分为_____和_____。

5. 大力钳主要用于夹持零部件进行_____、_____、_____和_____等加工。

二、判断题

1. 大力钳的特点是钳口可以锁紧并产生很大的夹紧力，使被夹紧的零部件不会松脱，且其钳口有很多档可调节位置，可夹紧不同厚度的零件，另外大力钳也可作扳手使用。

（　　）

2. 常态时，钳口打开的是轴用卡簧钳，钳口闭合的是孔用卡簧钳。 （　　）

3. 使用前应注意挑选与工件规格相适应的钢丝钳，以免钳子因受力过大而损坏。（　　）

4. 不得使用钳子切割过硬的金属丝，以免损坏刃口。 （　　）

5. 使用尖嘴钳时，应首先检查钳柄是否损坏。 （　　）

三、选择题

1. （　　）又称老虎钳、花腮钳，在汽车维修中应用非常广泛。钢丝钳用于钳口夹持或折断金属薄板以及切断金属丝，钳柄一般带有绝缘皮，可供有电的场合使用。

A. 钢丝钳 　　　　　　 B. 尖嘴钳 　　　　　　 C. 管子钳 　　　　　　 D. 大力钳

2. （　　）主要用来剪切线径较细的线束，以及用来给导线接头、剥塑料绝缘层等。

A. 钢丝钳 　　　　　　 B. 尖嘴钳 　　　　　　 C. 管子钳 　　　　　　 D. 大力钳

3. （　　）一般用来夹持扭转管子、圆棒以及用其他扳手难以夹持、扭转的光滑的圆柱形工件，其广泛应用于汽车制冷管、液压油管道的剪切和安装。

A. 钢丝钳 　　　　　　 B. 尖嘴钳 　　　　　　 C. 管子钳 　　　　　　 D. 大力钳

4. （　　）主要用于夹持零件进行铆接、焊接、钻孔、磨削等加工，其特点是钳口可以锁紧并产生很大的夹紧力，使被夹紧的零件不会松脱，而且其钳口有很多档可调节位置，可夹紧不同厚度的零件，另外其也可作扳手使用。

A. 钢丝钳 　　　　　　 B. 尖嘴钳 　　　　　　 C. 管子钳 　　　　　　 D. 大力钳

任务四　剪切设备的选用及使用

任务目标

1. 了解各类剪切设备的特点和应用场合。
2. 学会各种剪切设备的选用和使用。
3. 学会正确利用剪切设备进行汽车维修及板件剪切。

知识储备

一、分类

汽车维修及板件剪切设备可分为手动直剪刀、弯剪刀、剪板机及电动剪刀等。

1. 手动直剪刀

手动直剪刀（图 1-21）分为手剪刀和台式剪刀，一般用于某种条件下单件生产或半成品的修整工作。手剪刀只能剪切厚度在 1mm 以下的金属板料，而台式剪刀可以剪切厚度为 1.5～2mm 的板料。

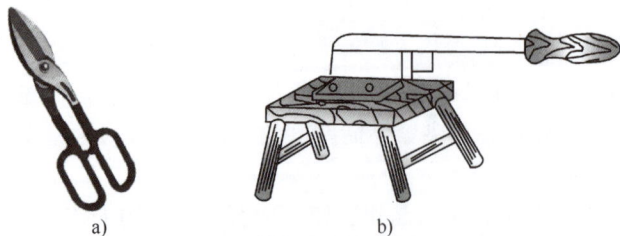

a)　　　　　　　　　　　　　b)

图 1-21　手动直剪刀

a) 手剪刀　b) 台式剪刀

2. 弯剪刀

弯剪刀（图1-22）分为左弯剪刀和右弯剪刀，一般用于车身板件的圆形或弧形操作。

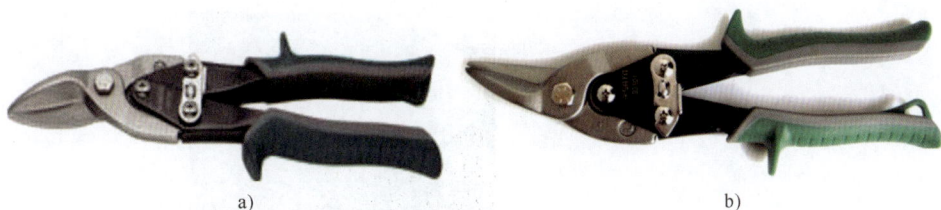

a)　　　　　　　　　　　　　　　　　b)

图 1-22　弯剪刀

a）左弯剪刀　b）右弯剪刀

3. 剪板机

剪板机（图1-23）分为手动剪板机和电动剪板机，一般用于批量件的规模生产。

4. 电动剪刀

电动剪刀（图1-24）属于振动式剪刀，其刀杆由一个小型电动机带动上下快速运动，并与下刀头配合达到剪切的目的。

图 1-23　剪板机

图 1-24　电动剪刀

二、应用场合

1. 直剪刀

直剪刀用来剪切各类薄钢板，适合各种形状的剪切（图1-25）。

图 1-25　直剪刀（铁皮剪）

2. 弯剪刀

弯剪刀（图1-26）用于剪切各类圆形或弧形板件。

图1-26 弯剪刀

3. 剪板机

剪板机通过运动的上刀片和固定的下刀片，采用合理的刀片间隙，对各种厚度的金属板材施加剪切力，使板材按所需要的尺寸断裂分离。剪板机可分为脚踏式、机械式和液压摆式等，一般用于批量生产。脚踏式剪板机如图1-27所示。

脚踏式剪板机剪切操作前，一般先进行划线，然后对准上下刀片的位置，靠人力脚踏进行剪切。

4. 电动剪刀

电动剪刀（图1-28）是以电动机作为动力，通过传动机构驱动工作头部进行剪切作业的手持式电动工具。

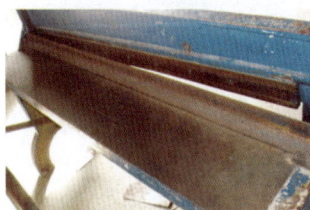

图1-27 脚踏式剪板机　　　　　　　　　　图1-28 电动剪刀

任务实施

示 意 图	操 作 提 示
1. 直剪刀薄料剪切	
	沿直线剪切短料时，被剪去的部分一般都放在剪刀的右面

（续）

示 意 图	操 作 提 示
2. 直剪刀厚料剪切	
	剪切较厚的板料时，可将剪刀夹在台虎钳上，在上柄套上放一根管子，右手握住管子，左手拿住板料进行剪切，也可一边敲击一边剪切
3. 弯剪刀外圆剪切	
	剪切外圆时，应从左边下剪，按顺时针方向剪切，边料会随着剪刀的移动而向上卷起；若边料较宽，则可采取剪直线的方法
4. 弯剪刀内圆剪切	
	剪切内圆时，应从右边下剪，按逆时针方向剪切，边料会随着剪刀的移动而向上卷起
5. 剪板机剪切	
	剪板机常用来剪裁直线边缘的板料毛坯，剪切工艺应能保证被剪板料剪切表面的直线度和平行度要求，并尽量减少板材扭曲，以获得高质量的工件
6. 电动剪刀剪切	
	电动剪刀属于振动式剪刀，其刀杆由一个小型电动机带动上下快速运动，与下刀头配合，达到剪切的目的

（续）

示 意 图	操 作 提 示
7. 剪切注意事项	
	裁剪下料时应注意合理使用板料。可以将使用同样牌号、同样厚度的工件集中一次划线下料，可采取集中下料、长短搭配和零料拼整等方法

注意事项

1）使用各类剪切设备剪切时需按相关要求进行划线。

2）弯剪刀、剪板机等设备多用于金属薄板的剪切。

3）剪板机使用前，要经常注油，保持各运动部件润滑良好，使其工作起来轻便、平稳。

4）脚踏式剪板机的剪切挡料和踏杠收折装置应能使脚踏工作自如。

课后测评

一、填空题

1. 汽车车身修理离不开各类剪刀，常用的有_____、_____、_____和_____四种类型。

2. 弯剪刀、剪板机等设备多用于金属_____。

3. 剪板机常用来剪裁直线边缘的板料毛坯，剪切工艺应能保证被剪板料剪切表面的_____要求，并尽量减少板材_____，以获得高质量的工件。

4. 剪板机通过运动的上刀片和固定的下刀片之间采用合理的_____，对各种厚度的金属板材施加_____，使板材按所需要的尺寸断裂分离。

二、判断题

1. 剪切时，可用圆规在金属板上划圆或圆弧，并测量两点间的距离或等分尺寸。（　　）

2. 裁剪下料时应考虑长短搭配、零料拼整、排板套裁等问题。（　　）

3. 剪切较宽的边料时，可采取顺时针或逆时针剪切的方法。（　　）

三、选择题

1. 沿直线手工剪切短料时，被剪去的部分一般都放在剪刀的（　　）。

A. 左面　　　　　　B. 中间　　　　　　C. 右面

2. 剪切外圆时，应从左边下剪，按（　　）方向剪切，边料会随着剪刀的移动而向上卷起。

    A. 顺时针   B. 逆时针   C. 任意

3. 划针一般由中碳钢或高碳钢制成，一般要求具有（　　）。

    A. 抗压性   B. 耐磨性   C. 耐腐性

任务五　锤子的选用及使用

任务目标

1. 了解各类锤子的特点和应用场合。
2. 学会各种锤子的选用和使用。
3. 学会正确利用锤子对汽车各种零部件进行敲击。

知识储备

一、分类

锤子是用于敲击或锤打物体的手工工具，由锤头和握持手柄两部分组成，在日常生活、汽车维修中应用较为广泛。

1. 按锤子的材质分类

锤子按材质可分为钢锤、铜锤、木锤和橡胶锤等（图 1-29）。钢锤的一端或两端的锤击面均经过充分的热处理，硬度很高；中间部分一般不经热处理，具有良好的弹韧性，在锤击过程中能起到缓冲作用，防止锤头爆裂。

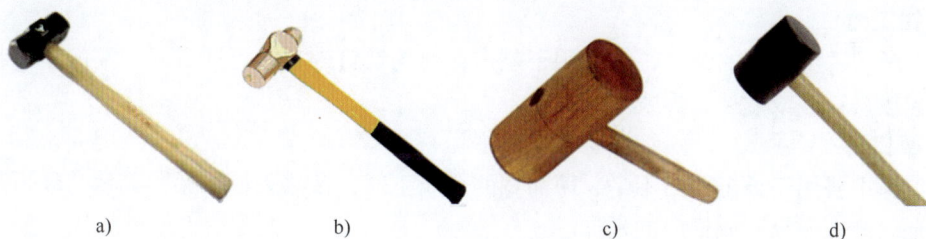

a)　　　　　　　b)　　　　　　　c)　　　　　　　d)

图 1-29　按锤子的材质分类

a）钢锤　b）铜锤　c）木锤　d）橡胶锤

2. 按锤子的手柄分类

锤子按手柄可分为木柄锤、钢柄锤和玻璃纤维柄锤等（图 1-30）。木柄多用胡桃木、槐木等硬质木材制成，其优点是弹韧性好，但易受气候影响，伸缩性大，所以逐渐被后两种材质的锤柄所取代。

3. 按锤子的使用场合分类

锤子按使用场合可分为钳工锤、錾口锤和球头锤等（图 1-31）。

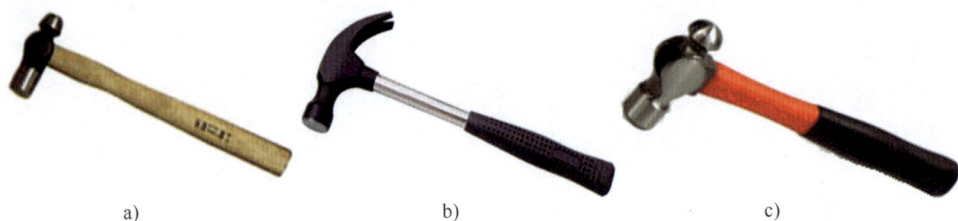

图 1-30　按锤子的手柄分类

a）木柄锤　b）钢柄锤　c）玻璃纤维柄锤

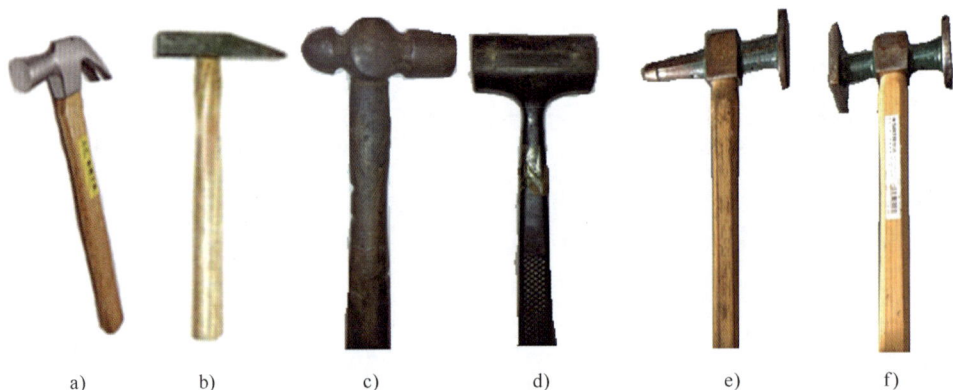

图 1-31　按锤子的使用场合分类

a）钳工锤　b）錾口锤　c）球头锤　d）橡胶锤　e）镐锤　f）精修锤

二、使用场合

1. 钳工锤

钳工锤为木工专用的锤子，它除用于敲击普通的铁钉外，还可通过另一端的羊角状双爪卡紧并起拔铁钉，或撬裂、拆毁木制构件。

2. 錾口锤

錾口锤主要用于敲击凹凸不平、薄而宽的金属工件，使之表面平整。其錾口还可敲制翻边或使金属薄件做纵向或横向的延伸。

3. 球头锤

当维修大的凹陷时，球头锤用于凹陷板面初始的校正，或用于加工内部板和加强相关部位。球头锤用于需要较大的力量，而不要求光洁表面的情况。

4. 橡胶锤

橡胶锤用于柔和地敲击薄钢板，这样不会损坏油漆表面。

5. 镐锤

镐锤用于维修小的凹陷，其尖端可将凹陷从内部锤出，使用时对中心部位柔和地轻打即可。其平端与顶铁配合作业，可用于去除高点和波纹。

6. 精修锤

精修锤用于钳工锤修复凹陷之后的精修，以得到最后的外形。

任务实施

示 意 图	操 作 提 示
1. 手势	
锤下落时握紧　主要靠食指和拇指握着　15~30mm	用手轻松握住锤子手柄的端部（相当于手柄全长 1/4 的位置） 锤击工件时，眼睛要注视工件，找准锤击的落点
	握锤时，以下边两个手指为支点，用其他手指将锤子向下推。当锤子从金属表面向回弹时，可以绕着支点做轻微的旋转
2. 球头锤	
	当球头锤锤击汽车相关部件时，应垫上铜棒、木块等对工作面进行缓冲和保护
3. 錾口锤	
	在车身进行收边和放边时，常采用錾口锤进行操作，操作时应注意用力要均衡
4. 橡胶锤	
	用橡胶锤锤击时，因其具有弹性所以有缓冲作用，且其与被敲击物体作用时间较长，所以可对其他部件进行保护

（续）

示　意　图	操　作　提　示
5. 镐锤	
 小凸面	在锤击车身覆盖件时，需使用镐锤的平面进行配合；在敲击不平点时可使用镐锤的尖部
	镐锤和垫铁配合时，敲击的锤面和贴合面要平行
6. 精修锤	
	精修锤一般用于车身修复凹陷之后的精修，以得到最后的外形
	精修锤作业时，可在表面垫上一层纱或布后再进行锤击，这样可以对工件表面进行保护
凹坑	当锤面与被锤击表面不平行时，进行锤击易产生凹坑或锤痕

（续）

示　意　图	操作提示
板料 胎膜	板料取模主要用于铝板、白铁皮、镀锌板等平面，精修锤通过胎模进行敲击，起到保护工件表面的作用

注意事项

1) 使用锤子前，应擦净锤面及手柄上的油污，避免脱手伤人。

2) 使用锤子前，应检查手柄是否松动，避免锤头脱出造成事故。

3) 使用锤子时，应用适当的力在适当的时间敲在适当的斑点上，并在手腕上做圆周摆动，在四周边缘敲击并让锤子从金属上弹回，敲击时手要抬得一次比一次高。

4) 锤子的表面一定要和板面的轮廓一致。

5) 若要保证精准敲击，必须轻轻地快速敲打，并保持直角敲击。

6) 作业前要研究敲击落点、敲击力度和次数，要用手腕去驱动锤子垂直敲打，让锤子的平面与被敲击的金属接触，不能用整个手臂或肩部的力量，以防用力过猛。

7) 若进行敲击时，锤子的边缘与板面成一定的角度，将会使金属板上留下额外的凹坑。

课后测评

一、填空题

1. 锤子是用于_____或_____物体的手工工具，由_____和_____两部分组成。

2. 钢锤的一端或两端的锤击面均经过充分的_____，_____很高；中间部分一般不经热处理，具有良好的弹韧性，在锤击过程中能起到缓冲作用，防止锤头_____。

3. 锤子按手柄可分为_____、_____和_____等。

4. 橡胶锤用于柔和地敲击薄钢板，这样不会损坏_____。

5. 精修锤用于冲击锤修复_____之后的精修，以得到最后的_____。

二、判断题

1. 当用球头锤锤击汽车相关部件时，应垫上铜棒、木块等对工作面进行缓冲和保护。

（　　）

2. 在车身进行收边和放边时，常采用球头锤进行操作，操作时用力要均衡。　（　　）

3. 橡胶锤因其具有弹性所以有缓冲作用，且其与被敲击物体作用时间较长，所以可对其他部件进行保护。

（　　）

4. 镐锤和垫铁配合时，敲击的锤面和贴合面要平行。　（　　）

5. 精修锤作业时，可在表面垫上一层纱或布后再进行锤击，这样可以对表面进行保护。

当锤面与被锤击表面不平行时，进行锤击易产生凹坑或锤痕。　　　　　　　（　　）

6. 木锤主要用于敲击铝板、白铁皮、镀锌板等平面，敲击时起到保护工件表面的作用。
　　　　　　　　　　　　　　　　　　　　　　　　　　　　　　　　　（　　）

三、选择题

1. 用手轻松握住锤子手柄的端部，相当于手柄全长（　　）的位置。

A. 1/4　　　　　　B. 1/3　　　　　　C. 1/2　　　　　　D. 2/3

2. 锤击工件时，眼睛要注视工件，找准锤子的（　　）。

A. 支点　　　　　B. 平行点　　　　C. 中点　　　　　D. 落点

3. 若要保证精准敲击，必须轻轻地快速敲打，并保持（　　）敲击。

A. 30°　　　　　　B. 60°　　　　　　C. 直角　　　　　D. 120°

4. 作业前要研究敲击落点、敲击力度和次数，要用（　　）去驱动锤子垂直敲打。

A. 手腕　　　　　B. 手臂　　　　　C. 手掌　　　　　D. 胳膊

项目二

汽车维修电动工具的选用及使用

项 目 描 述

在汽车维修工作中，如果仅靠手工工具是不够的，实际操作中还要用到很多电动工具。汽车维修中常见的电动工具有手电钻、砂轮机、切割机和抛光机等。在使用电动工具的过程中，安全应放在第一位，若有疏忽，则会造成伤害，甚至还可能会因漏电造成触电的人身伤亡事故。所以在使用过程中要确保电动工具使用的电线或插头完好无损，绝缘层无脱落，无金属丝外露。除此之外，电动工具的外接线长度和直径应符合标准，否则会因为电压下降过大造成导线过热。

任务一　手电钻的选用及使用

任务目标

1. 了解手电钻的特点和应用场合。
2. 学会各种手电钻的选用和使用。
3. 学会正确利用手电钻对汽车各种零部件进行拆装。

知识储备

手电钻是以电为动力的手持式钻孔工具，电源电压一般有 220V 和 360V 两种，其尺寸规格为 $\phi 3.6 \sim \phi 13mm$，主要由钻夹头、输出轴、齿轮、转子、定子、机壳、开关和电缆线组成，在汽车行业主要应用于车身材料的钻孔。

手电钻按驱动形式分为外电源驱动和内置电池驱动两种（图 2-1），其最高转速和能使用的最大钻头都标在手电钻的铭牌上面。手电钻内部由电动机和两级减速齿轮组成，主要用于金属钻孔工作。

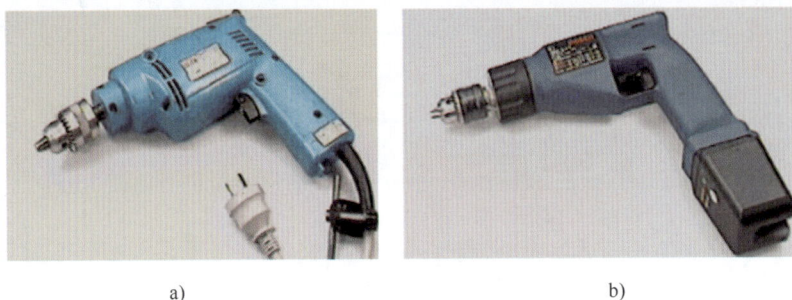

a)

b)

图 2-1　手电钻

a）外电源驱动　b）内置电池驱动

任务实施

示　意　图	操　作　提　示
1. 安装	
 a) 拧松　　　　b) 更换 c) 拧紧	手电钻通过顺时针旋转快速接头，使夹头松开，然后选用合适的钻头，再用专用工具反方向拧紧
2. 标记	
 a) 划线　　　　b) 打孔	准备钻孔前先精确测量，并用划针在需要打孔的板件相应位置做好标记

示　意　图	操　作　提　示
3. 钻孔	
a) 保险按钮　　　　　b) 按下保险按钮 　c) 垂直钻面	钻孔时，按下电源开关，同时按下保险按钮进行锁定操作 　由于钻头锋利，注意钻孔时要用力适度，对准相应位置下钻，当要钻通时应适当减轻压力
4. 收钻	
钻后效果图	注意：手电钻的转速突然降低或停止转动时，应快速放松开关并切断电源，然后慢慢拔出钻头

注意事项

1）首先要确保电动工具使用的电线或插头完好无损，绝缘层无脱落，无金属丝外露。除此之外，电动工具的外接线长度和直径应符合标准，否则会因为电压下降过大造成导线过热。在使用电动工具时，应确保工作环境干燥无积水，避免电动工具及其连接线与水接触。

2）电动工具要使用三相插头，并确保插座已连接好用来保护的零线。在操作电动工具时应穿橡胶底鞋。

3）要使用电动工具开关来开关电源，不能采用插上或拔下电源插头的方式来代替开关，在工具通电之前要确保开关处于关闭状态。

4）要严格按照使用说明书和安全操作规程操作电动工具，应定期对电动工具进行安全检查。

课后测评

一、填空题

1. 常见的电动工具有_____、_____、_____和_____。按驱动形式分，常用的手电钻有_____和_____两种。

2. 手电钻主要由_____、_____、_____、_____、_____、_____和_____组成。

3. 电动工具要使用_____插头，并确保插座已连接好_____。

4. 手电钻操作步骤依次为_____、_____、_____、_____。

二、判断题

1. 手电钻的转速突然降低或停止转动时，应快速放松开关并切断电源，然后迅速拔出钻头。　　　　　　　　　　　　　　　　　　　　　　（　　）

2. 手电钻按驱动形式分为外电源驱动和内置电池驱动两种。　　（　　）

3. 电动工具的外接线长度和直径应符合标准，否则会因为电压下降过大造成导线过热。　　　　　　　　　　　　　　　　　　　　　　　　（　　）

4. 手电钻通过顺时针旋转快速接头，使夹头松开，然后选用合适的钻头，再用专用工具反方向拧紧。　　　　　　　　　　　　　　　　　　　（　　）

三、选择题

1. （　　）主要用于钻孔。

A. 手电钻　　　　　　B. 短柄螺钉旋具　　　　C. 抛光机　　　　D. 切割机

2. （　　）插头可用在电动工具上。

A. 三相　　　　　　　B. 二相　　　　　　　　C. 五相　　　　　D. 六相

3. 手电钻内部由（　　）和两级减速齿轮组成。

A. 起动机　　　　　　B. 电动机　　　　　　　C. 发动机　　　　D. 蓄电池

任务二　　砂轮机的选用及使用

任务目标

1. 了解各类砂轮机的特点和应用场合。

2. 学会砂轮机的选用和使用。

3. 学会正确利用砂轮机对汽车各种零部件进行操作。

知识储备

一、分类

砂轮机主要用于磨削金属、工件等。常见的砂轮机有台架砂轮机和手持砂轮机两种，如图 2-2 所示。根据所采用的材料不同，砂轮可分为粗粒砂轮和细粒砂轮。

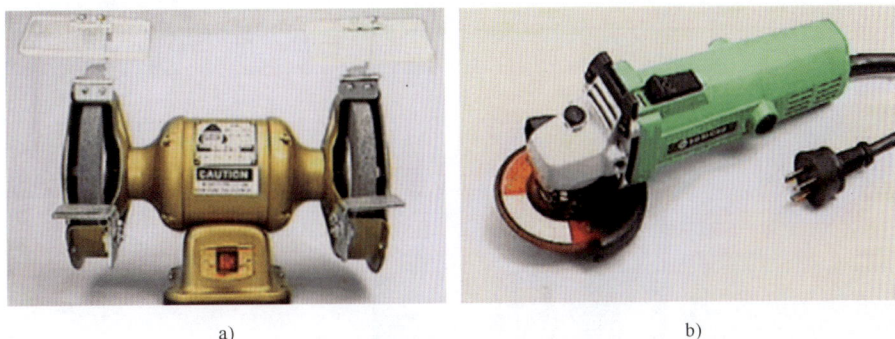

图 2-2　砂轮机

a）台架砂轮机　b）手持砂轮机

二、应用场合

台架砂轮机无法磨削的特殊工件或特殊位置，就要使用手持砂轮机。手持砂轮机按砂轮直径分，常用的规格有 $\phi 150mm$、$\phi 80mm$、$\phi 40mm$ 三种，主要应用于汽车维修中的除锈及焊点打磨。手持砂轮机的砂轮圆面起切削作用，若不能使用钢锯，也可使用专用的砂轮来切断金属，这时起磨削作用的是砂轮边缘。

砂轮机是用磨料和结合剂树脂等制成的中央有通孔的圆形固结磨具。砂轮是磨具中用量最大、使用范围最广的一种，使用时砂轮高速旋转，可对金属或非金属工件的外圆、内圆、平面和各种型面等进行粗磨、半精磨和精磨以及开槽和切断等。

任务实施

示　意　图	操　作　提　示
1. 砂轮片的安装	
a）磨片 b）割片	选择适当的磨片或割片进行安装，根据所选砂轮的种类来选择夹具的正反面进行正确的安装

（续）

示　意　图	操作提示
c) 正面 　d) 反面	
2. 用专用工具拧紧	
	拆装砂轮片应使用配套的专用扳手，严禁使用自制工具。轴杆螺母必须能使砂轮足够紧地固定，但又不能使法兰变形
3. 调整到相应的档位	
a) 未开	确认防护罩处于正确的位置。在安装砂轮片，清洁防护罩后，应使砂轮机空转 1min，以测试其可靠性和砂轮的平稳性

（续）

示　意　图	操　作　提　示
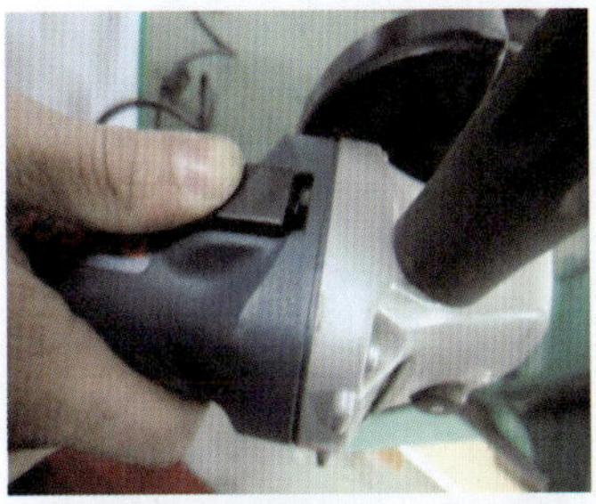 b）点动打磨 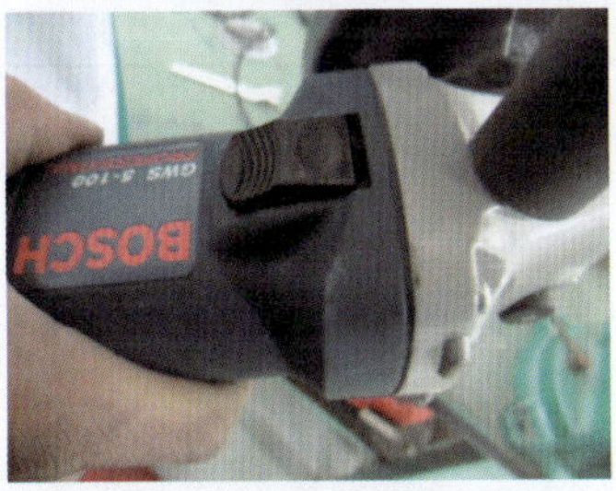 c）锁紧打磨	

4. 正确打磨

 a）选择板件  b）打磨	打磨过程中不可对砂轮机施加过大的压力，用力要均匀，以免损坏机械或导致砂轮片破碎伤人 　　打磨时，不能将砂轮机的全表面施加在打磨的材料上，砂轮片与被打磨材料应保持15°~30°的角度

（续）

示 意 图	操 作 提 示
c) 效果	

注意事项

1）砂轮工作时，绝不允许超过其最大转速，否则高速转动的砂轮会破损飞出，进而造成事故。

2）使用砂轮时，应确保其被防护体遮盖一半以上，操作时必须戴防护眼镜或面罩。

3）使用砂轮时，人不要与砂轮平面站在同一条线上，应保持一定夹角，以防砂轮片破裂飞出伤人。

课后测评

一、填空题

1. 安装砂轮时，螺母不得拧过_____或过_____，在使用前应检查螺母是否松动。

2. 操作砂轮时，使用者要戴_____，不要与砂轮_____，而应站在侧面。使用砂轮机时，_____穿戴手套，严禁使用棉纱等物包裹刀具进行磨削。

3. 常见的砂轮机有_____和_____两种。

二、判断题

1. 使用砂轮时，人不要与砂轮平面站在同一条线上，应保持一定夹角。（　　）

2. 手持砂轮机的砂轮圆面起切削作用，若不能使用钢锯，则不可使用专用的砂轮来切断金属。（　　）

3. 砂轮机通过顺时针旋转快速接头，使夹头松开，然后选用合适的钻头，再用专用工具反方向拧紧。（　　）

三、选择题

1. （　　）主要用于打磨。

A. 手电钻   B. 砂轮机

C. 抛光机   D. 切割机

2. 根据所采用的材料不同，砂轮可分为（　　）和细粒砂轮。

A. 起动机　　　　　　　　　　　　B. 电动机

C. 粗粒砂轮　　　　　　　　　　　D. 蓄电池

任务三　切割机的选用及使用

任务目标

1. 了解各类切割机的特点和应用场合。
2. 学会切割机的选用和使用。
3. 学会正确利用切割机对汽车各种零部件进行操作。

知识储备

一、分类

金属切割机可分为手动切割机、半自动切割机和数控切割机。手动切割机使用灵活方便，但切割质量差、尺寸误差大、材料浪费大、后续加工工作量大、劳动条件差、生产效率低。半自动切割机功能简单、切割质量好、工人劳动强度降低，但不适合于单件、小批量和大工件切割。数控切割机切割板材的效率高、切割质量好、工人劳动强度降低。目前，使用手动切割机和半自动切割机相对普遍，半自动切割机如图 2-3 所示。

图 2-3　半自动切割机

二、应用场合

电动切割机的组成包括机座、工作台、电动机、锯片，电动机安装在机座上，锯片为圆形，垂直安装在工作台中间，由电动机通过带轮和传动带传动，主要用来切割汽车车身板件。

任务实施

示　意　图	操　作　提　示
1. 标记划线	
	量取钣金加工件精确切割长度，并做好相应划线标记
2. 比划对准	
	将钣金加工件放到切割机锯片相应的位置
3. 锁紧定位	
	用切割机自带的锁紧装置将要切割的钣金加工件锁紧
4. 按下按钮并进行切割	
a)确认位置　　　　b)开始切割	按下按钮并进行切割操作

（续）

示　意　图	操　作　提　示
5. 清洁工作现场	
	切割完毕后进行 6S 管理检查，并用压缩空气清洁工作台

注意事项

1）使用前应检查电动切割机电源线、防护装置和砂轮锯片是否完好。转动部分的安全防护罩是否齐全、牢靠；砂轮锯片应固定牢固，不得使用受潮、有裂纹的砂轮锯片。

2）切割机应放置平稳、牢固可靠，不得正对着设备和人员。在人员经常来往的地方施工时必须用防护屏隔离。

3）检查电气开关，确认接地线或零线牢固可靠。

4）切割工件应固定牢固，待切割机转动速度稳定后，方可加工工件。使用时不得用力太猛，以免损坏砂轮锯片而导致砂轮锯片飞溅伤人。

课后测评

一、填空题

1. 金属切割机可分为＿＿＿＿＿＿、＿＿＿＿＿＿和＿＿＿＿＿＿。

2. 电动切割机的组成包括＿＿＿＿＿＿、＿＿＿＿＿＿、＿＿＿＿＿＿和＿＿＿＿＿＿。电动机安装在机座上，锯片为＿＿＿＿＿＿，垂直安装在工作台中间。

3. 切割工件应固定牢固，切割机转动＿＿＿＿＿＿后，方可加工工件。

4. 切割机操作步骤依次为＿＿＿＿＿＿、＿＿＿＿＿＿、＿＿＿＿＿＿、＿＿＿＿＿＿和＿＿＿＿＿＿。

二、判断题

1. 切割机的转速突然降低或停止转动时，应赶快放松开关并切断电源，迅速拔出钻头。（　　）

2. 切割机应放置平稳、牢固可靠，不得正对着设备和人员。在人员经常来往的地方施工时必须用防护屏隔离。（　　）

3. 切割机锯片由电动机通过带轮和传动带传动，主要用来切割汽车车身板件。（　　）

4. 切割机通过顺时针旋转快速接头，使夹头松开，再用专用工具反方向拧紧。（　　）

三、选择题

1. ( ) 主要用于切割车身板件。

A. 手电钻   B. 短柄螺钉旋具   C. 抛光机   D. 切割机

2. 切割工件时应当首先 ( )。

A. 标记划线   B. 直接切割   C. 换砂轮锯片   D. 检查电源

3. 切割机的锯片为 ( )。

A. 方形   B. 圆形   C. 三角形   D. 六边形

任务四　抛光机的选用及使用

任务目标

1. 了解各类抛光机的特点和应用场合。
2. 学会抛光机的选用和使用。
3. 学会正确利用抛光机对汽车各种零部件进行抛光。

知识储备

一、分类

抛光机（图2-4）又称研磨机，主要用途是对物体的表面进行研磨和抛光，进行打磨焊点、打磨粗糙表面（漆面）或镜面抛光等处理，可根据需要选择抛光机的形式（高速、低速，偏心、不偏心）。焊点打磨及粗糙表面打磨可选择高速、不偏心机型；平面、凹凸面精细研磨抛光，可选择转速可调的偏心机型；镜面、漆面抛光作业一定要选择低转速可调速机型。常用研磨抛光耗材有砂布片、菜瓜布片、羊毛球和海绵球等。选择相应的研磨抛光耗材，可以达到预想的效果。

图2-4　抛光机

二、应用场合

抛光机的主要附件是抛光盘。抛光盘安装在抛光机上，与研磨剂或抛光剂共同作用完成研磨和抛光作业。抛光可将漆面老化的漆膜研磨掉，使新的漆膜产生，恢复亮丽。抛光作业分为漆面氧化翻新抛光（大多在整车上进行）和漆面划痕修复作业（大多在局部位置进行）。

任务实施

示　意　图	操　作　提　示
1. 抛光操作	
	1）将海绵抛光盘浸湿，安装在抛光机上，空转5s，将多余水分甩净 2）把抛光剂摇匀，倒少许在海绵抛光盘上，喷少许水，并用抛光盘在漆面上涂抹均匀
2. 抛光路线	
	1）调整抛光机转速，起动抛光机，并沿车身方向直线来回移动 2）抛光盘经过的长条轨迹之间需覆盖1/3
3. 抛光机的施工	
 a)正确操作　　　　b)错误操作 抛光前　　　　抛光后 c)抛光对比	操作人员不得将抛光机斜放于漆面施工，应将抛光机平放于漆面，给抛光机施加均衡的向下的压力

注意事项

1）抛光作业完成后，必须彻底清洁抛光研磨残渣，并用压缩空气吹净边缝部位，然后进行精细抛光。

2）对于边、角、棱、凸起部分以及漆膜有可能被磨穿的部位，应事先用纸胶带贴好，待机械抛光完毕后撕去胶带，再手工进行局部抛光。

3）对于有划痕的车漆表面，用砂纸打磨时要使用汽车美容砂纸（如1500#～2000#），并且要注意打磨的深度。

4）对于局部较严重的划痕，研磨抛光前应该先用专用的美容砂纸结合水对其进行打磨，然后再用粗、中、细三种研磨剂进行研磨抛光作业。

课后测评

一、填空题

1. 抛光机又称_____，主要用途是对物体的表面进行_____和_____。

2. 常用研磨抛光耗材有_____、_____、_____和_____等。

3. 抛光机的主要附件是_____。抛光盘安装在抛光机上，与研磨剂或抛光剂共同作用完成_____、_____作业。

4. 抛光操作人员不得将抛光机_____于漆面施工，应将抛光机_____于漆面，给抛光机施加均衡的_____。

5. 抛光作业分为_____（大多在整车上进行）和_____（大多在局部位置进行）。

二、判断题

1. 对于有划痕的车漆表面，用砂纸打磨时要使用汽车美容砂纸并注意打磨的深度。（　　）

2. 抛光过程中，可适当采用锤子、钢丝钳、铜棒等物体敲击表面。（　　）

3. 抛光作业完成后，必须彻底清洁抛光研磨残渣，并用压缩空气吹净边缝部位，然后进行精细抛光。（　　）

4. 抛光机通过顺时针旋转快速接头，使夹头松开，再用专用工具反方向拧紧。（　　）

三、选择题

1. （　　）主要用于物品表面抛光。

A. 手电钻　　　　B. 短柄螺钉旋具　　　　C. 抛光机　　　　D. 切割机

2. 抛光盘经过的长条轨迹之间需覆盖（　　）。

A. 1/3　　　　B. 1/2　　　　C. 1/5　　　　D. 1/6

3. （　　）可将漆面老化的漆膜研磨掉，使新的漆膜产生，恢复亮丽。

A. 切割　　　　B. 打磨　　　　C. 抛光　　　　D. 钻孔

项目三

汽车维修气动工具的选用及使用

项 目 描 述

    气动工具通过供气阀手柄的操作以及调整调节阀便可进行作业，还能选择多级别的转速。在同样输出功率的情况下，气动工具与电动工具相比，其体型小、重量轻。气动工具更适合长时间工作，不会出现发热现象，即使压缩空气发动机发生超负荷现象，气动工具仅仅是停止转动，当超负荷解除时则重新恢复正常运转。在汽车维修中气动工具得到广泛的应用。能够利用各类气动工具对车辆进行拆卸、装复、调整和维修，是汽车维修工必备的技能之一。本项目主要围绕汽车维修气动工具的选用及使用进行学习和训练。

任务一　气动扳手的选用及使用

任务目标

1. 了解气动扳手的特点和应用场合。
2. 学会气动扳手的选用和使用。
3. 学会正确利用气动工具对汽车各种零部件进行拆装。

知识储备

气动扳手又称风动扳手，主要是利用压缩空气来拧紧螺钉、螺母。

一、分类

气动扳手一般分为两类，一类是常规扳手，也就是普通的冲击扳手；另一类是脉冲气动扳手，两者的区别为前者不能规定力矩，而后者可以。气动扭力扳手就是属于后者，如图3-1所示。

图 3-1　气动扭力扳手

二、应用场合

气动扳手被广泛应用于各种场合，如汽车修理、重型设备维修、产品装配等。

任务实施

示　意　图	操　作　提　示
	一只手拿着气管接头，另一只手拿着气动扳手，并把接头上的圆环向下拉，才能插上接头上的圆环，只有圆环处于下拉状态才能接上。另外，拔掉的时候也需要把圆环向下拉
	套筒有不同的规格，只要对应插上即可

（续）

示　意　图	操　作　提　示
	左图中是一个可按动的旋钮，通过旋动旋钮到指定数字，可以调节速度与紧固力矩

注意事项

1）使用前应检查工具有无异常，气压是否正常，并检查管子的缠绕情况。

2）使用中如果发现冲击次数少，或有二次冲击等现象，应立即停机检查。

3）操作者应与旋转中的旋转轴及配件保持距离，不要戴首饰及穿肥大的衣服。

4）压缩空气中不应含有水分，否则会造成气动扳手运转不良。

课后测评

一、填空题

1. 气动扳手又称_____。

2. 气动扳手一般分为_____和_____。

二、判断题

1. 进入气动扳手的压缩空气应清洁无污。　　　　　　　　　　　　　　（　　　）

2. 气动扳手可以利用压缩空气清洁异物。　　　　　　　　　　　　　　（　　　）

3. 气动扳手主要利用压缩空气来完成对螺栓或螺母的拧紧。　　　　　　（　　　）

三、选择题

1.（　　　）是气动工具的优点。

A. 分量重　　　　　　　B. 省力　　　　　　　C. 噪声大　　　　　　　D. 体积大

2. 气动工具容易出现问题的地方是（　　　）。

A. 接头连接不牢靠　　　　　　　　　　　　B. 接头磨损

C. 气管损坏　　　　　　　　　　　　　　　D. 以上选项都是

3. 气动扳手的拧紧力矩通过（　　　）来控制。

A. 压缩机的工作时间　　　　　　　　　　　B. 压缩机的气压

C. 压缩机存气筒的大小　　　　　　　　　　D. 气动扳手上的调节器

4. 压缩空气中含有（　　　）会造成气动扳手运转不良。

A. 氢气　　　　　　　　B. 水分　　　　　　　C. 氧气　　　　　　　　D. 氮气

任务目标

1. 了解气动打磨机的特点和应用场合。
2. 学会气动打磨机的选用和使用。
3. 学会正确利用气动打磨机对汽车各种零部件进行打磨。

知识储备

一、分类

气动打磨机主要用于刮去旧涂层、除锈及漆面抛光。常见的气动打磨机有盘式打磨机和带式打磨机两种，如图3-2所示。

二、应用场合

气动打磨机有多种外形结构，适合各种角度操作，体积小、转速高、研磨效率高、噪声低、振动小，具有强力的吸尘效果，可以长时间使用。打磨机可以去除成品的毛刺，可以对成品表面进行抛光处理，也可以对成品进行净化处理，还可以对成品表面进行除锈处理。

a)　　　　　　　　　b)

图 3-2　气动打磨机

a）盘式打磨机　b）带式打磨机

对于汽车车身修复来说，带式打磨机主要应用于钣金缝、边角的除漆、除锈、除焊点以及死角位置打磨；而盘式打磨机主要用于刮去旧涂层、除锈等。盘式打磨机打磨时用的砂轮片粒度通常为60#、80#或120#等，一般常用的是80#。

任务实施

示　意　图	操 作 提 示
1. 起始部位的打磨	
	起始部位打磨时，砂轮与金属表面应形成100°~200°的夹角，先打磨金属受损的边缘。打磨时的压力以手掌压住砂轮为宜，压力不要过大或过小

（续）

示　意　图	操　作　提　示
2. 受损严重部位的打磨	
	对于受损最严重的部位，若盘式打磨机打磨不到，应该使用带式打磨机进行打磨。最后，将盘式打磨机与带式打磨机结合使用进行打磨
3. 中间部位的打磨	
	中间部位打磨时，应使砂轮与金属表面完全接触，用砂纸的大接触面来进行快速打磨
4. 清洁	
	每次打磨后要对打磨好的板件进行清洁，用压缩空气对板件以45°斜角进行清洁，边清洁边用布擦拭

注意事项

1）打磨操作时要佩戴好防尘口罩、防护手套、耳罩等防护用具。

2）打磨机转速非常高，使用时一定要牢牢地握持住，以免脱手产生危险。

3）打磨时的压力以手掌压住砂轮为宜，压力不要过大或过小。

4）气动打磨机打磨的时候要合理地选用粗细不同的砂纸。

5）打磨一段时间后应注意零部件的清洁。

课后测评

一、填空题

1. 气动打磨机主要用于_____、_____和_____。

2. 常见的用于汽车车身修复的气动打磨机有_____和_____两类。

3. 盘式打磨机打磨时用的砂轮片粒度通常为_____、_____和_____。

二、判断题

1. 打磨机运转时转速不宜太快，否则砂轮片可能会破碎伤人。 （　　）

2. 盘式打磨机打磨时用的砂轮片粒度通常为80#。 （　　）

三、选择题

1. 以下选项不是打磨机的功用的是（　　）。

A. 去毛刺　　　　　　B. 抛光　　　　　　C. 除锈　　　　　　D. 清洁

2. 打磨金属时不需要佩戴的防护用品是（　　）。

A. 防尘口罩　　　　　B. 防护手套　　　　　C. 防护面罩　　　　　D. 耳罩

任务三　气动锯的选用及使用

任务目标

1. 了解各类气动锯的特点和应用场合。

2. 学会气动锯的选用和使用。

3. 学会正确使用气动锯对汽车各种零部件进行切割。

知识储备

一、分类

气动锯利用压缩空气作为动力。气动锯的锯条只有一端装在锯身上实现锯割作业，由于没有锯弓限制，切割缝可以无限延长。气动锯具有切割效率高、使用方便、对构件损坏程度小等优点，气动锯主要由锯体、气管接口、气动开关和锯条等部分组成，如图3-3所示。

二、应用场合

在气动锯上安装的锯条，具有三种不同的尾端接口，可根据不同的要求配备不同的气动锯条，气动锯条和其他的气动工具一样，利用气泵或者气缸中的气源作为驱动力替代人力，

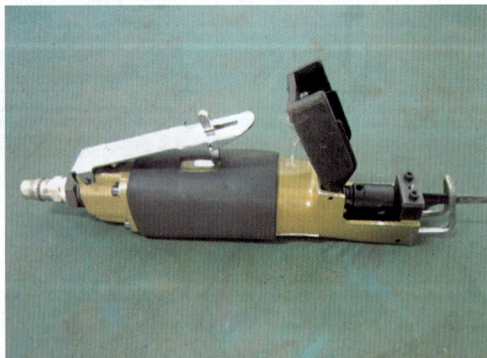

图3-3　气动锯

这样使得操作方便，效率更高。

气动锯在汽车车身维修中应用广泛，尤其在汽车钣金切割方面优势明显。气动锯条的材质大多数为双金属，也有硬质合金，齿形有波浪齿和侧切齿。

任务实施

示　意　图	操　作　提　示
1. 更换适合的锯条	
 a）拧松 b）拆卸 c）更换	使用十字形螺钉旋具把螺钉拧松，接下来使用内六角扳手将固定锯条的螺母拧松，拆下锯条，并进行更换
2. 切割	
 a）正确 b）错误	切割时，气动锯与切割件成一定角度，气动锯略微向下倾斜，锯条朝上。切勿使气动锯向上倾斜，锯条朝下，否则会损坏锯条及切割件

注意事项

1）切割操作时要佩戴好耳罩、护目镜等防护工具。

2）若切割时发现锯条产生振动，应立即停止切割，并对松紧度做相应调整。

3）切割前必须确认被切割型材已在夹钳中夹紧后（决不允许用手直接抓住），方可切割。

4）使用工具时，不可将其当作铁锤重击敲打，不要使用过长的空气胶管。

课后测评

一、填空题

1. 气动锯利用_____作为动力。

2. 气动锯主要由_____、_____、_____和_____等部分组成。

3. 气动锯条的材质大多数为_____。

4. 气动锯条的齿形有_____和_____。

二、判断题

1. 若切割时发现锯条产生振动可以继续切割，不需要调整。　　（　　）

2. 气动锯具有切割效率高、使用方便、对构件损坏程度小等优点。（　　）

3. 切割操作不需要佩戴好防护用具。　　　　　　　　　　　　（　　）

4. 气动锯的切割缝是不可以无限延长的。　　　　　　　　　　（　　）

5. 在气动锯切割钢板时需要佩戴耳罩。　　　　　　　　　　　（　　）

三、选择题

1. 下列不是气动锯的优点的是（　　　）。

A. 切割效率高　　　　　B. 损坏程度小　　　　　C. 除锈　　　　　　　　D. 使用方便

2. 维修人员进行某项操作时要戴护目镜，这项操作是（　　　）。

A. 焊接　　　　　　　　B. 拧螺栓　　　　　　　C. 切割　　　　　　　　D. 测量

项目四

常用测量工具的选用及使用

在汽车诊断与修理过程中，维修技师要用到很多测量工具。正确使用各类测量工具进行车辆维修能够保障汽车的安全性能和使用性能，从而保障汽车可以正常行驶。本项目主要围绕汽车维修时所需测量工具的选用和使用进行学习和训练。

任务一　常用测量尺的选用及使用

任务目标

1. 了解各类常用测量尺。
2. 学会选用和使用各类常用测量尺。
3. 学会正确对汽车各种零部件进行测量。

知识储备

一、钢卷尺

钢卷尺（图4-1）用于测量较长工件的尺寸或距离，在车身修复和四轮定位时可能会用到钢卷尺。卷尺长度有2m、3m、5m、…、20m、30m、50m等多种。

钢卷尺主要由尺带、盘式弹簧（发条弹簧）和卷尺外壳等组成。盘式弹簧像旧式上链式钟表里的发条，当拉出尺带时，盘式弹簧被卷紧，产生回卷力，当松开刻度尺的拉力时，刻度尺就被盘式弹簧的拉力拉回，钢卷尺的结构如图4-2所示。

把爪在测量外部长度时起卡紧作用；紧固件对尺带起固定作用；挂件起防止意外掉落损坏的作用；卷尺外壳对尺带起保护作用，同时有装饰作用；尺带起测量物品规格的作用。

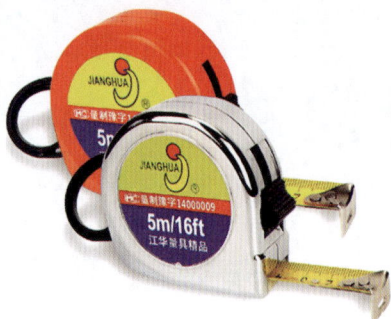

图 4-1 钢卷尺

图 4-2 钢卷尺的结构

1—把爪 2—紧固件 3—挂件 4—卷尺外壳 5—尺带

尺带的标识如图 4-3 所示。feet 代表英尺的意思；尺带上显示 5m，表示此卷尺总长为5m；上排为英制刻度单位，常用单位为英寸、英尺；下排为米制刻度单位，常用单位为厘米、分米、米。

钢卷尺的保养方法如下：

1）钢卷尺的尺带一般镀铬、镍或其他涂料，所以要保持钢卷尺清洁，测量时不要使其与被测表面摩擦，以防划伤。

2）使用钢卷尺时，拉出尺带不得用力过猛，应缓慢拉出，用后也应让它缓慢退回。

3）对于制动式钢卷尺，应先按下紧固件，然后缓慢拉出尺带，用后松开紧固件，尺带自动收卷。

4）使用时，应切记尺带只能卷，不能折。

5）不允许将钢卷尺放在潮湿和有酸性气体的地方，用后应将尺带上的油污水渍擦干，以防锈蚀。

图 4-3 尺带的标识

1—10feet 2—5m

3—上排刻度 4—下排刻度

注：1feet（ft）= 0.3048m

6）为了便于在夜间或无光处使用，有些钢卷尺尺带的刻度面上涂有发光物质，在黑暗中能发光，使人能看清刻度和数字，在使用中应注意保护涂膜。

二、钢直尺

钢直尺（图 4-4）是具有一组或多组有序的标尺标记及标尺数码的钢质板状的测量器具。钢直尺用于确定两点（位置）间的距离，粗略地测量工件的长、宽、高、深、厚等几何尺寸。钢直尺为普通测量长度用量具，尺的正面上下两边刻有刻度，其规格按标称长度有150mm、300mm、500（600）mm、1000mm、1500mm、2000mm 六种。尺的方形一端为工作端边，另一端为圆弧形，附悬挂孔。

图 4-4 150mm 钢直尺

钢直尺用于测量零件的长度尺寸（图4-5），但测量结果不太准确。这是由于钢直尺的刻度线间距为1mm，而刻度线本身的宽度就有0.1～0.2mm，所以测量时读数误差比较大，只能读出毫米数，即它的最小读数值为1mm，比1mm小的数值，只能估读而得。

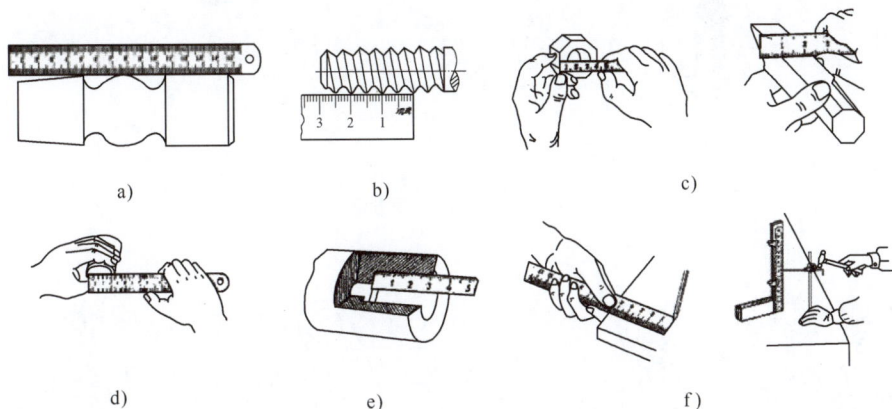

图4-5　钢直尺的使用方法

a）量长度　b）量螺距　c）量宽度　d）量孔径　e）量深度　f）划线

如果用钢直尺直接去测量零件的直径尺寸（轴径或孔径），则测量精度更差。原因是除了钢直尺本身的读数误差比较大以外，钢直尺也无法正好放在零件直径的正确位置。所以，零件直径尺寸的测量，可以利用钢直尺和内外卡钳配合起来进行。

钢直尺使用注意事项：

1）使用时，应注意尺身不能弯曲，尺端边及两个直角不应有磨损及损伤，以保证尺端与尺边的垂直。使用钢直尺时，应以左端的"0"刻度线作为测量基准，这样不仅便于找正测量基准，而且便于读数。测量时尺子要放正，不得前、后、左、右歪斜，否则从尺上读得的数比被测的实际尺寸要大。

2）用钢直尺测量工件时，应当注意使钢直尺的侧边与工件被测尺寸的轴线重合或平行，以减小因操作方法不正确引起的测量误差，提高测量准确度。

3）测量矩形工件时，尺的端边要与工件垂直并对准零位，读数时注意视差的影响。测量圆柱形工件时，应使钢直尺刻度线面与圆柱体的轴线平行。测量圆形工件的外径或孔径时，用尺端（或任一刻度）对准工件的一边，而尺的另一端绕此点来回摆动，读取的最大值即为测量结果。

4）使用完钢直尺后，应擦去尺面的油垢，并平放在工作台上或利用尺子右端的悬挂孔，将尺子挂起，以防钢直尺变形。

三、内外卡钳

内外卡钳是一种间接读数的量具，卡钳上不能直接读出尺寸，必须与钢直尺或其他刻度线量具配合测量。图4-6所示是常见的内外卡钳。内卡钳是用来测量内径和凹槽的，如图4-7a所示，外卡钳是用来测量外径和平面的，如图4-7b所示。它们本身都不能直接读出测量结果，而是把测量得到的长度尺寸（直径也属于长度尺寸）在钢直尺上进行读数，或在钢直尺上先取下所需尺寸，再去检验零部件的直径是否符合。

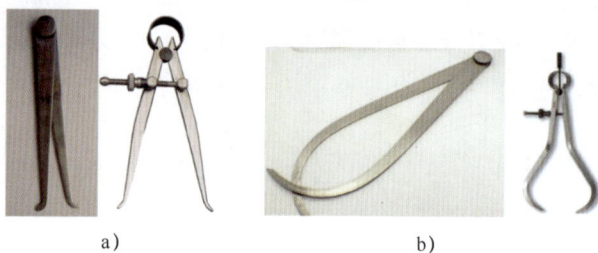

a)   b)

图 4-6 内外卡钳

a）内卡钳 b）外卡钳

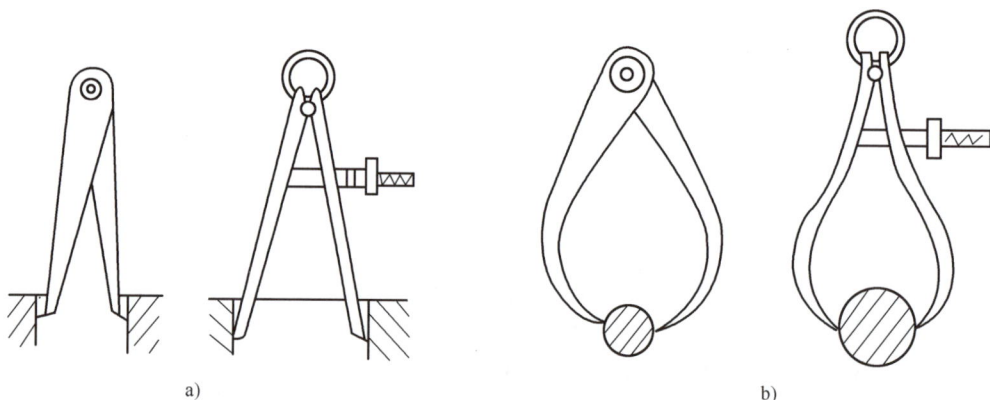

a)   b)

图 4-7 测量内外径、凹槽和平面

a）测量内径和凹槽 b）测量外径和平面

调节内外卡钳开度时，应首先检查钳口的形状，钳口形状对测量精确性影响很大，应注意经常修整钳口的形状。调节卡钳的开度时，应轻轻敲击卡钳脚的两侧面。先用两手把卡钳调整到和工件尺寸相近的开口，然后轻敲卡钳的外侧来减小卡钳的开口，敲击卡钳的内侧来增大卡钳的开口，如图4-8a、b所示。但不能直接敲击钳口，更不能在机床的导轨上敲击卡钳（图4-8c），这会导致卡钳的钳口损伤，而引起测量误差。

内外卡钳是一种简单的量具，由于它具有结构简单、制造方便、价格低廉、维护和使用方便等特点，广泛应用于要求不高的零件尺寸的测量和检验，尤其是对锻铸件毛坯尺寸的测量和检验，内外卡钳是最合适的测量工具。

内外卡钳虽然是简单量具，但只要掌握得好，也可获得较高的测量精度。例如，用外卡钳比较两根轴的直径大小时，即使是轴径相差只有0.01mm，有经验的老师傅也能分辨得出。又如，用内卡钳与外径百分尺联合测量内孔尺寸时，有经验的老师傅完全有把握用这种方法测量高精度的内孔。这种内径测量方法称为"内卡钳＋百分尺"法，该方法利用内卡钳在外径百分尺上读取准确的尺寸（图4-9），再去测量零件的内径；或内卡钳在孔内调整好与孔接触的松紧程度，再在外径百分尺上读出具体尺寸。这种测量方法，不仅在缺少精密的内径量具时是测量内径的好办法，而且对于某些孔内有轴零件的内径测量，使用精密的内径量具有困难，此时使用"内卡钳＋外径百分尺"测量内径的方法就能解决问题。

a)

b)

c)

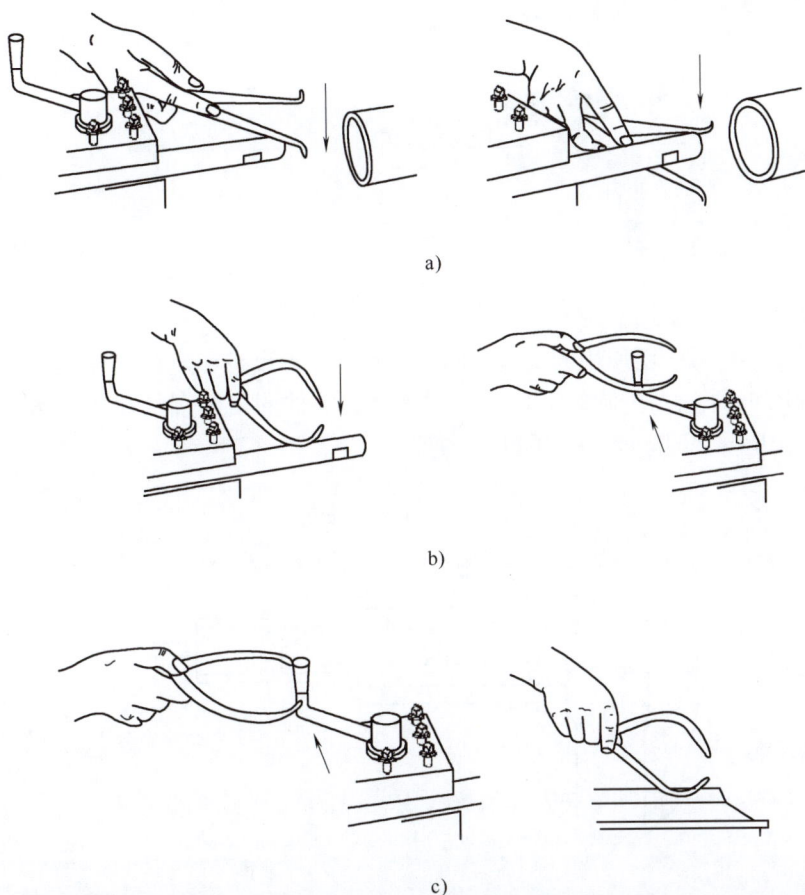

图 4-8 内外卡钳开度的调节

a）内卡钳开度调节 b）外卡钳开度调节 c）错误的调节方法

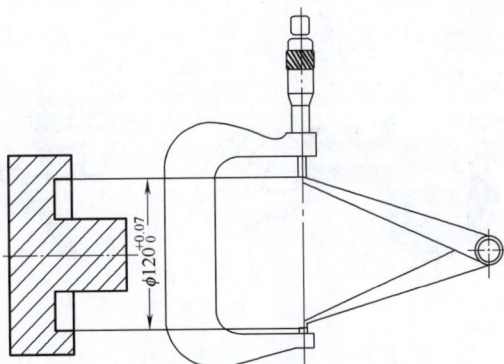

图 4-9 内卡钳 + 外径百分尺测量内径

四、游标卡尺

1. 游标卡尺概述

游标卡尺（图 4-10）是工业上常用的测量长度的工具，可直接用来测量工件的长度、内径、外径及深度等，测量精度较高。

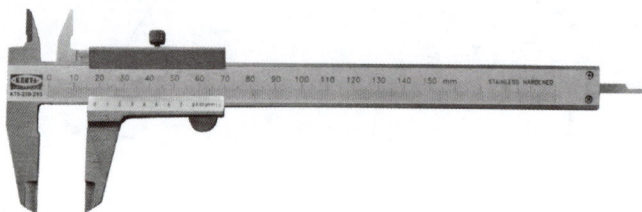

图 4-10　游标卡尺

　　游标卡尺是一种被广泛使用的高精度测量工具，它由尺身和附在尺身上能滑动的游标两部分构成，如图 4-11 所示。游标卡尺主要用来测量零件的内外直径和孔（槽）的深度等，其分度值有 0.10mm、0.05mm、0.02mm 三种。

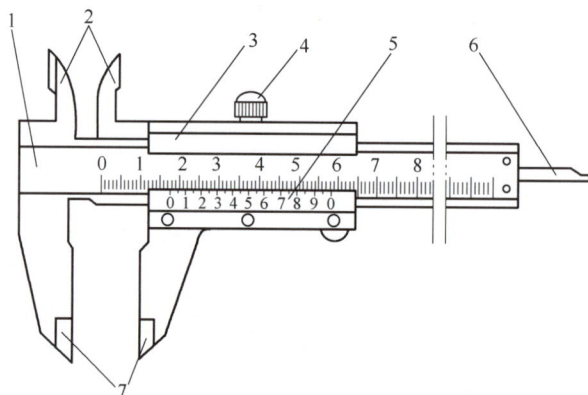

图 4-11　游标卡尺的结构

1—尺身　2—内测量爪　3—尺框　4—紧固螺钉　5—游标　6—深度尺　7—外测量爪

2. 游标卡尺的应用

游标卡尺的测量方法如图 4-12 所示。

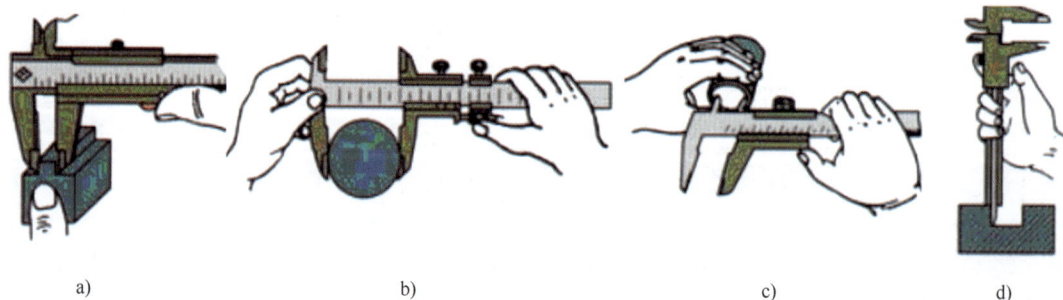

a)　　　　　　　b)　　　　　　　c)　　　　　　　d)

图 4-12　游标卡尺的测量方法

a）测量工件宽度　b）测量工件外径　c）测量工件内径　d）测量工件深度

3. 游标卡尺的读数方法

以分度值为 0.05mm 的游标卡尺为例介绍其读数方法，可分为三步。

1）根据游标零线以左的尺身上的最近刻度读出整毫米数。

2）根据游标零线以右与尺身上刻度对准的刻度线数乘上 0.05 后读出小数。

3）将上面整数和小数两部分加起来，即为总尺寸。

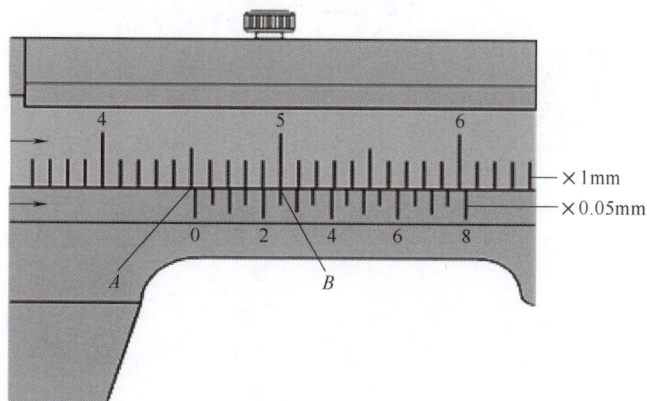

图 4-13　读数

例：如图 4-13 所示，读出 A 点位置，即游标零线所对尺身前面的刻度 45mm；读出 B 点位置，即游标零线后的第 5 条线与尺身的一条刻度线对齐。游标零线后的第 5 条线表示为 $0.05\text{mm} \times 5 = 0.25\text{mm}$。

所以被测工件的尺寸为 $45\text{mm} + 0.25\text{mm} = 45.25\text{mm}$。

五、外径千分尺

外径千分尺（图 4-14）是一种比游标卡尺更精密的测量长度的工具，用它测量长度可以准确到 0.01mm。外径千分尺的规格按量程划分，常用的有 0～25mm、25～50mm、50～75mm、75～100mm、100～125mm 等规格，使用时应按零件尺寸选择相应规格。

外径千分尺的结构如图 4-15 所示。

外径千分尺是依据螺旋放大的原理制成的，即螺杆在螺母中旋转一周，螺杆便沿着旋转轴线方向前进或后退一个螺距的距离。因此，沿轴线方向移动的微小距离，就能用圆周上的读数表示出来。外径千分尺的精密螺纹的螺距是 0.5mm，可动刻度有 50 个等分刻度，可

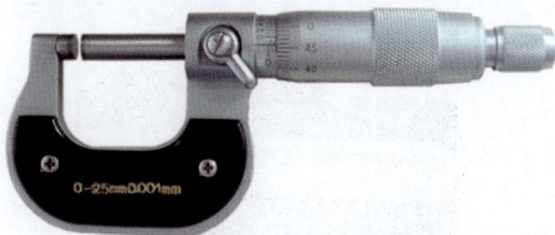

图 4-14　外径千分尺

动刻度旋转一周，测微螺杆可前进或后退 0.5mm，因此旋转每个小分度，相当于测微螺杆前进或后退 $0.5\text{mm}/50 = 0.01\text{mm}$。可见，可动刻度每个小分度表示 0.01mm，所以外径千分尺可准确到 0.01mm。由于还能再估读一位，可读到千分位。

外径千分尺的读数方法如下（图 4-16）：

1）先读固定刻度。

2）再读半刻度，若半刻度线已露出，记作 0.5mm；若半刻度线未露出，记作 0mm。

3）最后读可动刻度（注意估读），记作 $n \times 0.01\text{mm}$。

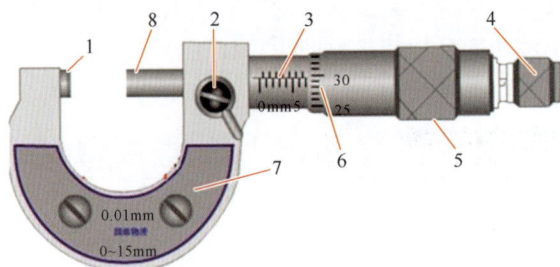

图 4-15　外径千分尺的结构

1—测砧　2—止动旋钮　3—固定刻度　4—微调旋钮　5—粗调旋钮　6—可动刻度　7—尺架　8—测微螺杆

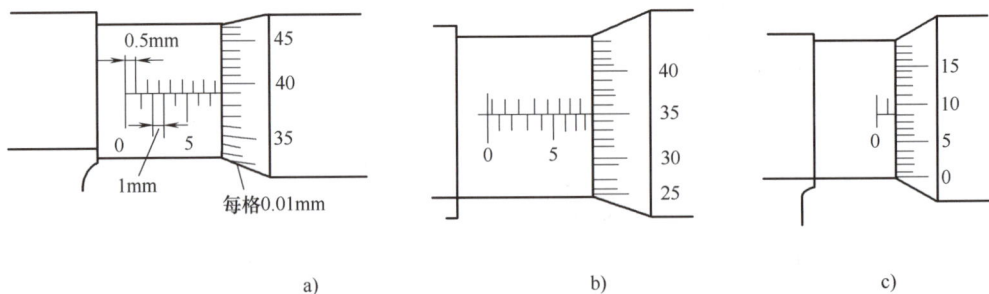

a)　　　　　　　　　　　b)　　　　　　　　　　c)

图 4-16　外径千分尺的读数方法

a）正确读数为 7.89mm　b）正确读数为 8.35mm　c）正确读数为 0.59mm

任务实施

示　意　图	操　作　提　示
1. 钢卷尺的使用	
 a）正确 b）错误	一手压下卷尺上的按钮，一手拉住卷尺的头，就可拉出来测量。测量时，钢卷尺零刻度对准测量起始点，施以适当拉力，直接读取测量终止点所对应的尺上刻度

（续）

示　意　图	操　作　提　示
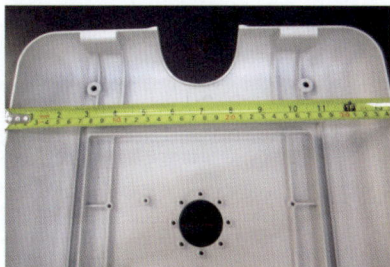 a）正确 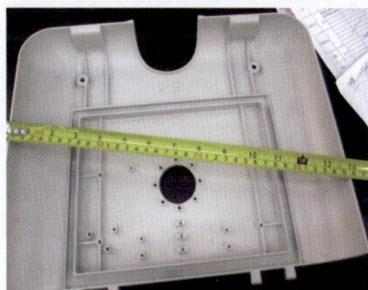 b）错误	用钢卷尺测量时，将尺钩挂在被测件边缘即可。使用时不要前倾后仰、左右歪斜。如果需测量直径但又无法直接测量时，不能硬折
 a）正确  b）错误	用钢卷尺测量时，拉力不宜过大。钢卷尺的长度以在20℃、50N拉力标准状况下的测得值为依据，因此使用时的拉力要与测定时的拉力相一致，这样可减小误差

（续）

示　意　图	操　作　提　示

2. 外卡钳的使用

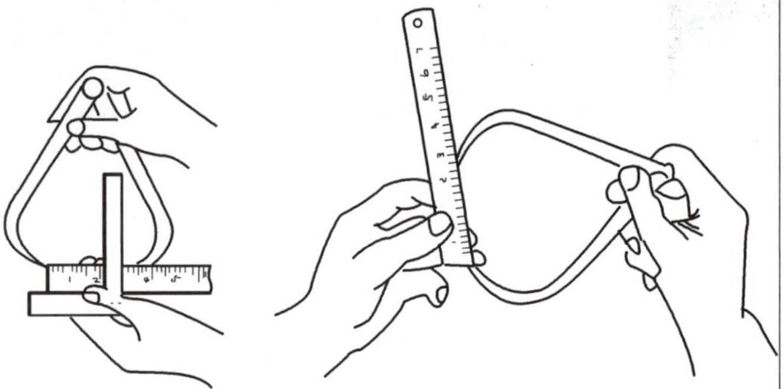

a)

外卡钳在钢直尺上读取尺寸时，一个钳脚的测量面靠在钢直尺的端面上，另一个钳脚的测量面对准所需尺寸刻度线的中间，且两个测量面的连线应与钢直尺平行，人的视线要垂直于钢直尺

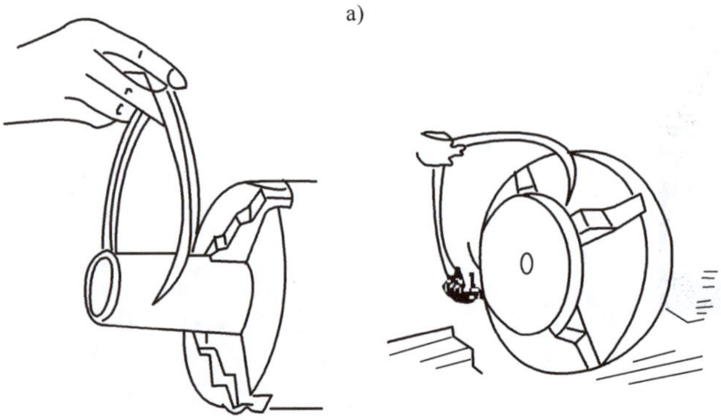

b)

用已在钢直尺上取好尺寸的外卡钳去测量外径时，要使两个测量面的连线垂直于零件的轴线，靠外卡钳的自重滑过零件外圆时，手中的感觉应该是外卡钳与零件外圆正好为点接触，此时外卡钳两个测量面之间的距离就是被测零件的外径。所以，用外卡钳测量外径，就是比较外卡钳与零件外圆接触的松紧程度，以卡钳的自重能刚好滑下为合适

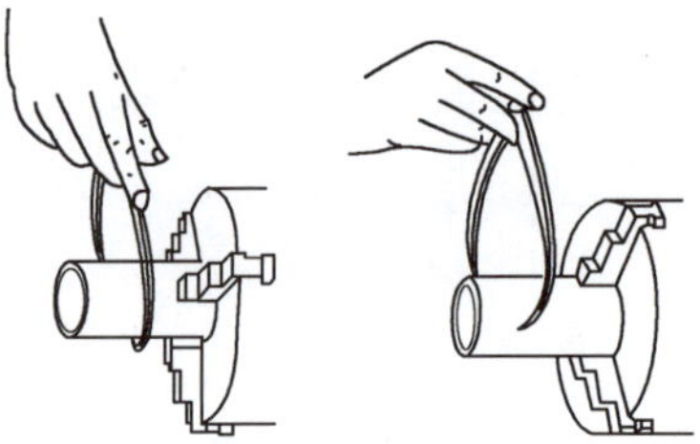

c)

若卡钳滑过外圆，手中没有接触感觉，则说明外卡钳比零件外径尺寸大；若靠外卡钳的自重不能滑过零件外圆，则说明外卡钳比零件外径尺寸小。切不可将卡钳歪斜地放上工件测量，这样存在误差

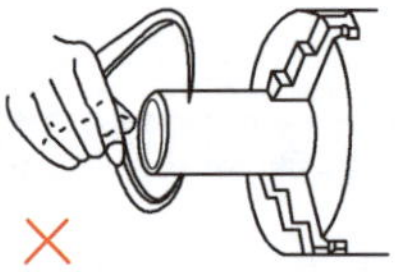

d)

由于卡钳有弹性，把外卡钳用力压过外圆是错误的，更不能把卡钳横着卡上去

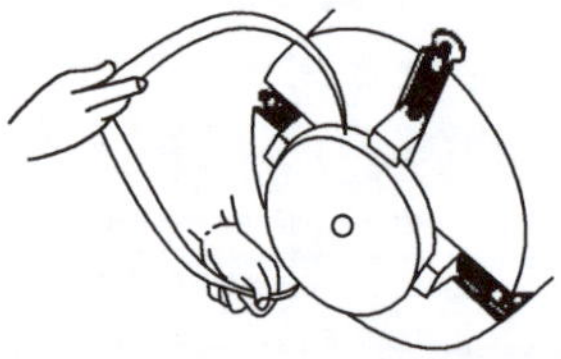

e)

对于大尺寸的外卡钳，靠它的自重滑过零件外圆的测量压力已经太大了，此时应托住卡钳进行测量

（续）

示　意　图	操　作　提　示

3. 内卡钳的使用

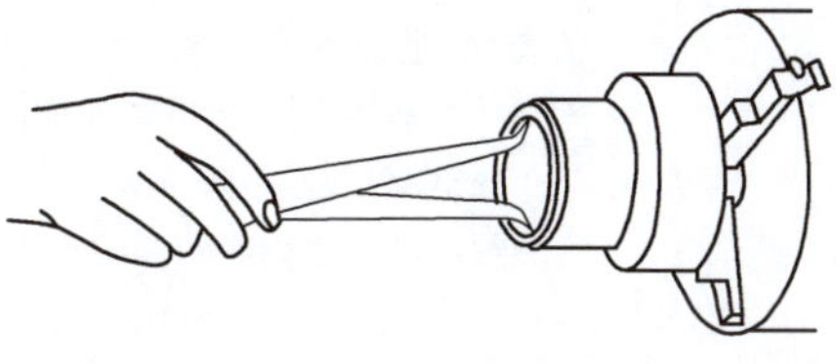

a)

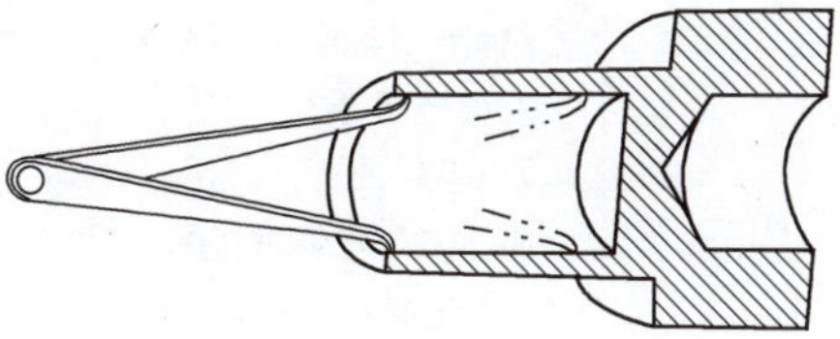

b)

用内卡钳测量内径时，应使两个钳脚的测量面的连线正好垂直相交于内孔的轴线，即钳脚的两个测量面应是内孔直径的两端点。因此，测量时应将下面的钳脚的测量面停在孔壁上作为支点，如左图 a 所示，上面的钳脚由孔口略往里面一些逐渐向外试探，并沿孔壁圆周方向摆动，当沿孔壁圆周方向能摆动的距离为最小时，则表示内卡钳脚的两个测量面已处于内孔直径的两端点了。再将卡钳由外至里慢慢移动，可检验孔的圆度误差，如左图 b 所示

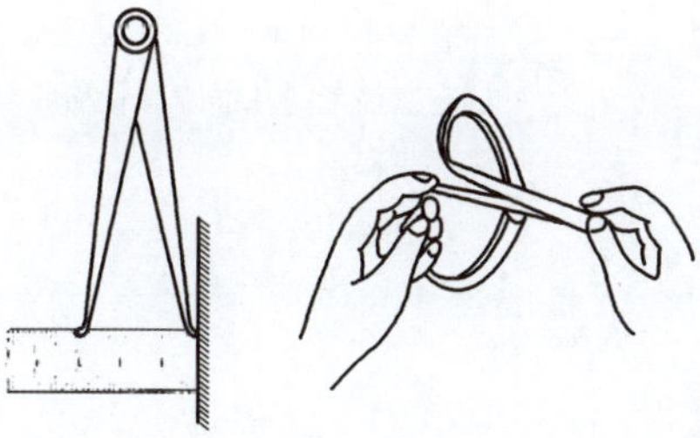

a)

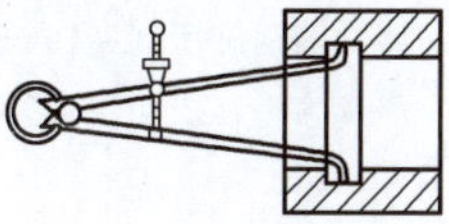

b)

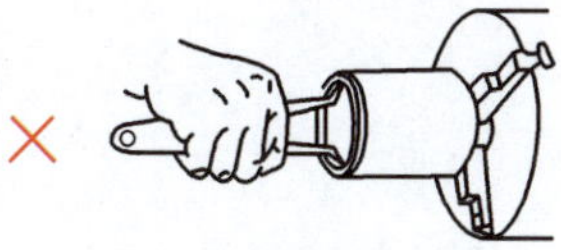

c)

用已在钢直尺上或在外卡钳上取好尺寸的内卡钳去测量内径，如左图 a 所示，也就是比较内卡钳在零件孔内的松紧程度。若内卡钳在孔内有较大的自由摆动，则表示卡钳尺寸比孔径小了；若内卡钳放不进，或放进孔内后紧到不能自由摆动，则表示内卡钳尺寸比孔径大，若内卡钳放入孔内，按照上述的测量方法能有 1～2mm 的自由摆动距离，如左图 b 所示，这时孔径与内卡钳尺寸正好相等。测量时不要用手抓住卡钳测量，如左图 c 所示，这样手感就没有了，难以比较内卡钳在零件孔内的松紧程度，并会使卡钳变形而产生测量误差

（续）

示　意　图	操　作　提　示
4. 游标卡尺的使用 	测量时，应根据测量精度的要求选择合适精度的游标卡尺，并擦净测量爪和被测零件的表面。将测量爪并拢，查看游标和尺身的零刻线是否对齐。如果对齐就可以进行测量，如果没有对齐则要记取零误差：游标的零刻线在尺身零刻线右侧的称为正零误差，在尺身零刻线左侧的称为负零误差（这种规定方法与数轴的规定一致，原点以右为正，原点以左为负） 　　测量时，将测量爪张开，右手拿住尺身，大拇指慢慢地移动游标，左手拿待测外径（或内径）的物体，使待测物位于外测量爪之间，当与测量爪紧紧相贴时，即可读数，禁止硬卡硬拉。使用后要把游标卡尺测量爪擦净并涂油后放入盒中
5. 外径千分尺的使用 	使用前应先检查零点：缓缓转动微调旋钮，使测微螺杆和测砧接触，直到棘轮发出声音为止，此时活动套筒上的零刻线应当和固定套筒上的基准线（长横线）对正，否则会产生误差
	左手持尺架，右手转动粗调旋钮使测微螺杆与测砧间距稍大于被测物。放入被测物后，转动旋钮到夹住被测物，直到棘轮发出声音为止，拨动止动旋钮使测杆固定后读数

注意事项

1. 使用游标卡尺的注意事项

1）使用前，应先把测量爪和被测工件表面的灰尘、油污等擦净，以免碰伤游标卡尺测量爪测量面和影响测量精度，同时检查各部位的相互作用。例如尺框和微动装置移动是否灵活，紧固螺钉能否起作用等。

2）检查游标卡尺零位，使游标卡尺两测量爪紧密贴合，用眼睛观察应无明显的光隙，同时观察游标零刻线与尺身零刻线是否对准，游标的尾刻线与尺身的相应刻线是否对准。最好把游标卡尺测量爪闭合三次，观察各次读数是否一致。如果三次读数虽然不是零，但读数三次完全一样，可把这数值记下来，在测量时，加以修正。

3）使用时，要掌握好测量爪测量面同工件表面接触时的压力，既不能太大，也不能太小，要刚好使测量面与工件接触，同时测量爪还能沿着工件表面自由滑动。有微动装置的游标卡尺，应使用微动装置。

4）在读数时，应把游标卡尺水平地拿着朝亮光方向，使视线尽可能地和尺上所读的刻度线垂直，以免由于视线的歪斜而引起读数误差。最好在工件的同一位置多次测量，取其平均值。

5）测量外尺寸读数后，切不可从被测工件上猛地抽下游标卡尺，应将测量爪张开后拿出；测量内尺寸读数后，要使测量爪沿着孔的中心线方向滑动，防止歪斜，否则会导致测量爪磨损、扭伤、变形或使尺框走动，影响测量精度。

6）不能用游标卡尺测量运动着的工件。否则，可能导致游标卡尺受到严重磨损，也容易发生事故。

7）不准以游标卡尺代替卡钳在工件上来回拖拉。使用游标卡尺时，不可用力同工件撞击，以防损坏游标卡尺。

8）游标卡尺不要放在强磁场附近（如磨床的磁性工作台上），以免使游标卡尺磁化，影响使用。

9）使用后，应将游标卡尺擦拭干净，平放在专用盒内，尤其是大尺寸游标卡尺，应注意防锈，避免尺身弯曲变形。

2. 使用外径千分尺的注意事项

1）调整零位，量程为 $0 \sim 25mm$ 的千分尺，直接用后面的棘轮转动对零；量程为 $25mm$ 以上的千分尺，用调节棒调节零位。

2）测量外径时，在最后应该活动一下千分尺，不要偏斜。

3）在对零位和测量的时候，都要使用棘轮，这样才能保持千分尺使用的拧紧力（ $\approx 5N$ ）。

4）测量前应把千分尺擦干净，检查千分尺的测微螺杆是否有磨损，测微螺杆紧密贴合时，应无明显间隙。

5）测量时，零件必须在千分尺的测量面中心测量。

6）测量时，用力要均匀，轻轻旋转棘轮，以响三声为旋转限度，零件需保持似掉非掉的状态。

7）用千分尺测量零件时，最好在零件上进行读数，放松后取出千分尺，这样可以减少对砧面的磨损；如果必须取下零件读数时，应用止动旋钮锁紧测微螺杆后，再轻轻滑出零件。禁止把千分尺当成卡规使用，因这样做会使测量面过早磨损，甚至会使测微螺杆或尺架发生变形而失去精度。

8）在读数时，要注意固定刻度上表示半毫米的刻度线是否已经露出。

9）为了获得正确的测量结果，可在同一位置上再测量一次，尤其是测量圆柱形工件时，应在同一圆周的不同方向测量几次，检查工件有没有圆度误差，再在全长的各个部位测量几次，检查工件有没有圆柱度误差等。

10）测量零件时，零件上不能有异物，并要在常温下测量。

11）使用时，外径千分尺必须轻拿轻放，不可掉到地面上。

课后测评

一、填空题

1. 钢卷尺用于测量较长工件的_____或_____。

2. 钢卷尺的_____在测量外部长度时起到卡紧作用。

3. 钢直尺用于确定两点（位置）间的距离，粗略地测量工件的_____、_____、_____、和_____等几何尺寸。

4. 内外卡钳上不能直接读出尺寸，必须与_____或_____配合测量。

5. 游标卡尺可直接用来测量工件的_____、_____、_____及_____等，测量精度较高。

二、判断题

1. 钢卷尺的尺带既能卷又能折，使用十分方便。（　　）

2. 使用钢直尺应注意尺身不能弯曲，尺端边及两个直角不应有磨损及损伤。（　　）

3. 用调好的内卡钳去检测内径，要先在钢直尺上或在外卡钳上取好尺寸，然后比较内卡钳在零件孔内的松紧程度。（　　）

4. 在用游标卡尺测量外径尺寸后，要从被测工件上猛力抽下游标卡尺。（　　）

5. 使用千分尺测量时，零件必须在千分尺的测量面中心测量。（　　）

三、选择题

1. 在钢卷尺的尺带上，若上下都是米制刻度，则测量出的数据单位不能是（　　）。

A. 厘米　　　　　B. 分米　　　　　C. 米　　　　　D. 英寸

2. 钢直尺不能直接测量出工件的（　　）。

A. 长度　　　　　B. 宽度　　　　　C. 高度　　　　　D. 体积

3. 内卡钳与钢直尺或其他刻度线量具配合可以测量出工件的（　　）。

A. 长度　　　　　B. 宽度　　　　　C. 高度　　　　　D. 内径

4. 游标卡尺可直接用来测量工件的长度、内径、外径及（　　）等。

A. 体积　　　　　B. 圆柱度　　　　　C. 深度　　　　　D. 面积

5. 外径千分尺的精密螺纹的螺距是（　　），可动刻度有 50 个等分刻度。

A. 0.5mm　　　　B. 0.01mm　　　　C. 50mm　　　　D. 25 mm

任务二　专用测量尺的选用及使用

任务目标

1. 了解各类专用测量尺的特点和应用场合。

2. 学会各种专用测量尺的选用和使用。

3. 学会正确对汽车各种零部件进行测量。

知识储备

一、塞尺

塞尺常用来测量零件之间的小间隙，主要用来检验机床紧固面之间、活塞与气缸、活塞环槽和活塞环、十字头滑板和导板、进排气阀顶端和摇臂、齿轮啮合间隙等两个结合面之间的间隙大小。塞尺由许多层厚薄不一的薄钢片组成（图4-17），薄钢片按照塞尺的组别制成一把一把的塞尺，每把塞尺中的每一片具有两个平行的测量平面，配有厚度标记，以供组合使用。

塞尺有以下三种基本形式。

1. 扁片式塞尺

扁片式塞尺由一套经过精磨的不同厚度的薄片组成，片上印有厚度值，以 0.001in

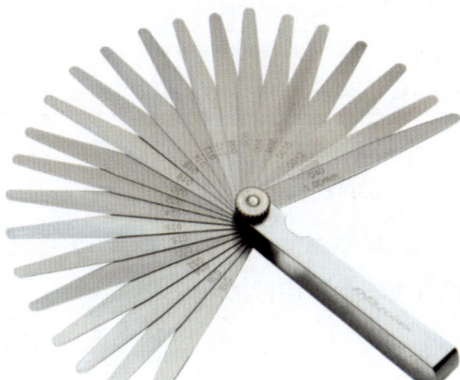

图4-17 塞尺

（0.0015，0.007，0.020）或 0.01mm（0.01，0.05，0.10）表示。扁片式塞尺用来测量平行平面之间的小间隙。

2. 线式塞尺

线式塞尺由一套尺寸精确的钢丝组成，上面标有线径或厚度值。在线端片上也标有线径值，也是以0.001in 或0.01mm 来表示。线式塞尺常用来进行较大尺寸的测量或曲面间隙的测量。

3. 阶梯式塞尺

阶梯式塞尺用来测量零件是否合格。测量时，根据结合面间隙的大小，用一片或数片重叠在一起塞进间隙内。例如，用0.03mm 的一片能插入间隙，而0.04mm 的一片不能插入间隙，这说明间隙为0.03～0.04mm，所以塞尺也是一种界限量规。塞尺的规格见表4-1。

表4-1 塞尺的规格

组 别 标 记		塞尺片长度/mm	片 数	塞尺的厚度及组装顺序
A 型	B 型			
75A13	75B13	75		
100A13	100B13	100		0.02；0.02；0.03；0.03；0.04；
150A13	150B13	150	13	0.04；0.05；0.05；0.06；0.07；
200A13	200B13	200		0.08；0.09；0.10
300A13	300B13	300		
75A14	75B14	75		
100A14	100B14	100		1.00；0.05；0.06；0.07；0.08；
150A14	150B14	150	14	0.09；0.19；0.15；0.20；0.25；
200A14	200B14	200		0.30；0.40；0.50；0.75
300A14	300B14	300		

（续）

组 别 标 记		塞尺片长度/mm	片 数	塞尺的厚度及组装顺序
A 型	B 型			
75A17	75B17	75		
100A17	100B17	100		0.50；0.02；0.03；0.04；0.05；
150A17	150B17	150	17	0.06；0.07；0.08；0.09；0.10；
200A17	200B17	200		0.15；0.20；0.25；0.30；0.35；
300A17	300B17	300		0.40；0.45

二、塑料线间隙规

塑料线间隙规（图4-18）是一个封装起来的塑性材料软条，使用塑料线间隙规可以快速检查主轴承和连杆轴承的游隙。

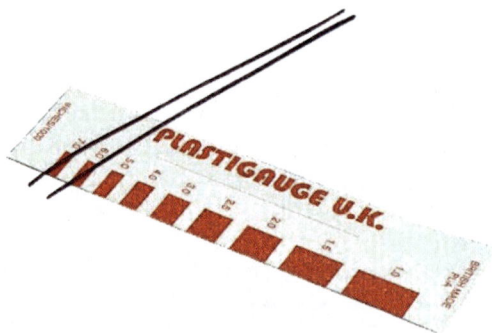

图4-18 塑料线间隙规

塑料线间隙规有三种不同的尺寸规格：
PG-1（绿色），间隙范围0.025~0.076mm。
PR-1（红色），间隙范围0.050~0.150mm。
PB-1（蓝色），间隙范围0.10~0.23mm。
对有些较新型的发动机，技术员关注更多的是轴承的压紧量而不是游隙。这类发动机不能用塑料线间隙规来测量间隙。

三、伸缩规

伸缩规主要用于测量小孔径部件的尺寸，如进排气门之类的部件。一套伸缩规一般由多个伸缩规组成，尺寸从几毫米到几百毫米不等，如图4-19所示。

伸缩规主要由一个轴杆加弹性触头组成，其结构如图4-20所示，转动手柄的滚花轮可将测头锁定，这样就可以将量规设定为孔径，然后再用千分尺测量。拧松滚花轮时，伸缩规的弹性触头会迅速弹出，故有时称为"快放规"。

四、内卡规

内卡规（图4-21）是一种用来测量物体内径的百分表，如气门导管内径等。内卡规一般有 5 ~ 25mm、20 ~ 40mm、40 ~ 60mm 三种量程的规格。

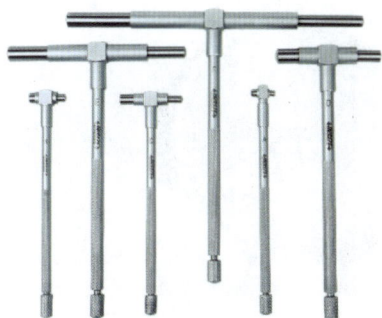

图 4-19　一套伸缩规

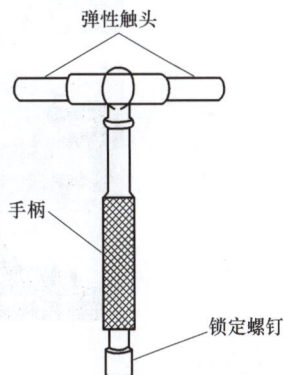

图 4-20　伸缩规的结构

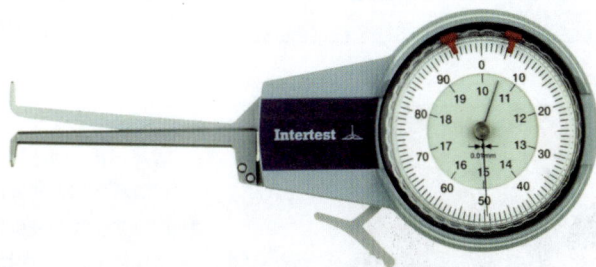

图 4-21　内卡规

内卡规一般由表盘、移动钮、固定吊耳和移动吊耳组成，其结构如图 4-22 所示。测量时，将吊耳放入测量的内孔里，通过调整移动钮到合适的位置后，读出表盘上的数据。

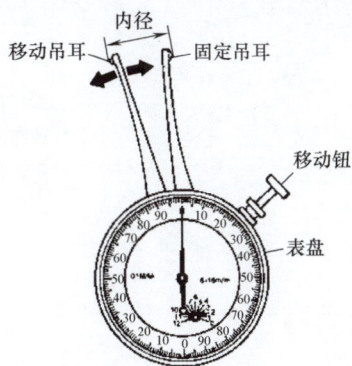

图 4-22　内卡规的结构

内卡规的测量一般分为两个步骤：

1）使用固定吊耳做支承轴，左右移动表盘，并利用移动吊耳及指针的移动找出距离最远的那一点。

2）找到距离最远点后，上下移动表盘并在距离最短的那一点读数，此数据就是被测物体的内径，内卡规的测量如图 4-23 所示。

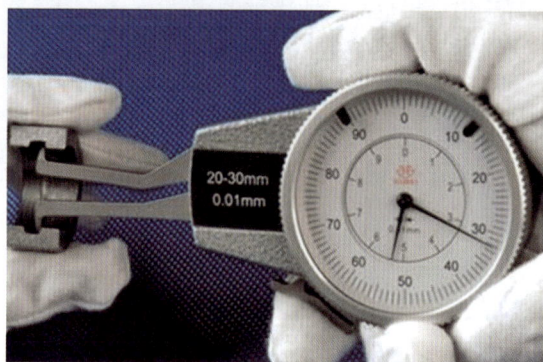

图 4-23　内卡规的测量

任务实施

示　意　图	操　作　提　示
1. 塞尺的使用	
	活塞环开口间隙的测量： 　将活塞环装入气缸内，使其处在气缸孔的最下部，并使其安装位置正确，径向平面与气缸内壁保持垂直，然后用塞尺测量活塞环的开口间隙。若测量的开口间隙超过规定的极限值，则应更换活塞环。更换活塞环时应成组更换
	活塞环侧隙的测量： 　把活塞环放在各自对应的活塞环槽内，用塞尺插测活塞环与槽的侧隙，如果侧隙超过使用极限，再根据环槽宽度值和环厚度值来决定是否更换活塞环
	离合器压盘平面度误差的测量： 　离合器压盘平面度误差不应超过 0.2mm，检查方法是用钢直尺压在压盘上，然后用塞尺测量

（续）

示　意　图	操　作　提　示

2. 塑料线间隙规的使用

	拆下曲轴轴承盖，清洁曲轴轴承和曲轴轴颈 剪下一段塑料线间隙规测量片放于轴承与轴颈之间的轴向位置（注意避开油孔）
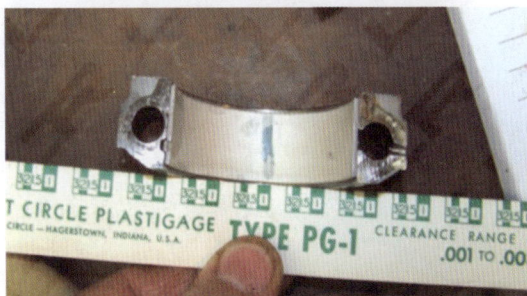 a) 对比留在轴承盖上的塑料线 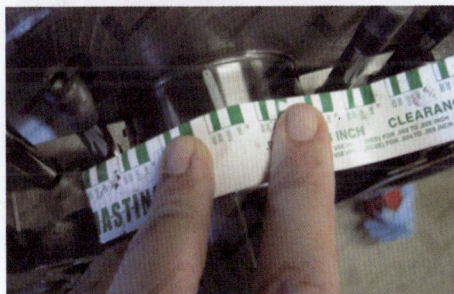 b) 对比留在轴承上的塑料线	装上曲轴主轴承盖，并用 65N·m 的力矩紧固，应确保使不能曲轴转动 拆下曲轴主轴承盖，对比塑料线被压后的宽度与封套上的刻度，以得到轴承的游隙，如左图所示。新轴承径向间隙应为 0.03～0.08mm，磨损极限值为 0.17mm。超过磨损极限时，应对相应轴承进行更换

3. 伸缩规的使用

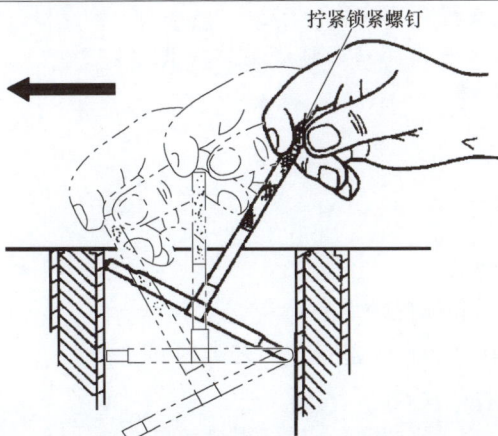	测量时将手柄略斜，将伸缩规放入要测的缸孔内。拧紧手柄端部的锁紧螺钉，然后将伸缩规翻回，通过垂直方向测取读数。翻回时伸缩规的触头会被推入，由此可得出缸孔的最大直径，然后取出伸缩规，用千分尺进行测量

（续）

示　意　图	操　作　提　示
4. 内卡规的使用	

a) 左右移动表盘

1）使用固定吊耳做支承轴，左右移动表盘，找出距离最远的那一点

b) 上下移动表盘

2）在距离最远点位置上下移动表盘，并在距离最短的那一点读数，此数据就是被测物体的内径

注意事项

1. 使用塞尺的注意事项

1）应根据结合面的间隙情况选用塞尺片数，但片数越少越好。

2）测量时不能用力过度，以免塞尺遭受弯曲和折断。

3）不能测量温度较高的工件。

2. 使用塑料线间隙规的注意事项

1）当发动机装在车上时，测量主轴承间隙要小心。如果测量未支承曲轴，读数可能会失准，可在受测轴承旁边的平衡重下放一个支承架来支承曲轴。

2）陈旧或硬化的塑料线间隙规读数可能失准，不应再使用。

3）当塑料线间隙规放在轴向位置时，决不允许转动曲轴或连杆。装连杆盖时，一定要分清左侧和右侧。

课后测评

一、填空题

1. 塞尺又称间隙片，常用来测量零件之间的_____。

2. 使用塑料线间隙规可以快速检查主轴承和连杆轴承的_____。

3. 伸缩规主要用于测量_____部件的尺寸，例如进排气门之类的部件。

4. 内卡规是一种用来测量物体_____的百分表。

5. 内卡规一般由_____、_____、_____和_____组成。

二、判断题

1. 用塞尺测量时，根据结合面间隙的大小，用一片或数片重叠在一起塞进间隙内测量。
（　　）
2. 塞尺是一种精确的量规。（　　）
3. 伸缩规测量孔径时可以直接读出数据。（　　）
4. 新轴承径向间隙应为 0.03~0.08mm，磨损极限值为 0.17mm。（　　）
5. 使用内卡规时，要左右移动表盘，找出距离最远的那一点。（　　）

三、选择题

1. 塞尺有哪三种基本形式？（　　）
A. 扁片式塞尺　　　B. 线式塞尺　　　C. 阶梯式塞尺　　　D. 螺旋式塞尺
2. 塑料线间隙规有哪三种不同的尺寸规格？（　　）
A. PG-1（绿色）　　B. PR-1（红色）　　C. PB-1（蓝色）　　D. PY-1（黄色）
3. 内卡规一般包括哪三种量程的规格？（　　）
A. 5~25mm　　　B. 20~40mm　　　C. 40~60mm　　　D. 60~100mm

任务三　百分表的选用及使用

任务目标

1. 了解百分表的特点和应用场合。
2. 学会百分表的操作。
3. 学会正确测量汽车气缸。

知识储备

一、百分表

百分表（图4-24）属于长度测量工具，它的分度值为0.01mm，是一种测量精度较高的指示类量具，目前百分表已经被广泛应用于测量工件的几何形状误差及位置误差等，也可用于校正零件的安装位置以及测量零件的内径等。

百分表主要由三个部分组成：表体部分、传动系统、读数装置。百分表的构造如图4-25所示。

百分表的工作原理是将被测尺寸引起的测杆微小直线移动，经过齿轮传动放大，变为指针在刻度盘上的转动，从而读出被测尺寸的大小。百分表是利用齿条齿轮或杠杆齿轮传动，将测杆的直线位移变为指针的角位移的计量器具。

图4-24　百分表

百分表的读数方法：先读小指针转过的刻度线（即毫米整数部分），再读大指针转过的刻度线（即毫米小数部分），并乘以0.01，然后两者相加，最后的得数即所测量的数值。

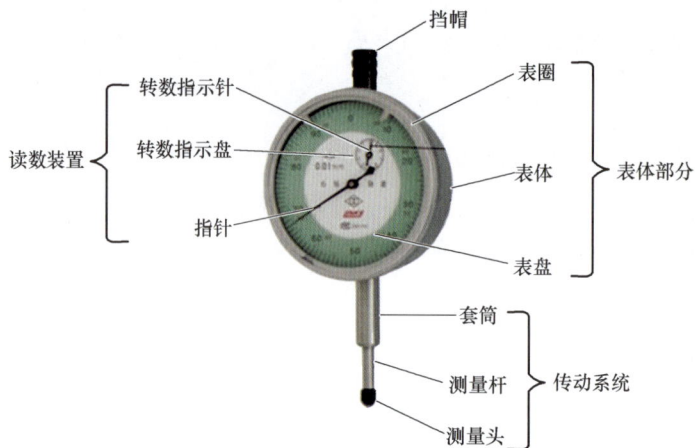

图4-25 百分表的构造

百分表的维护：

1）远离液体，不让冷却液、切削液、水或油与百分表接触。

2）不使用时，要摘下百分表，使表解除其所有负荷，让测量杆处于自由状态。

3）成套保存于盒内，避免丢失与混用。

二、内径百分表

汽车修理行业通常采用经验法和上下位置测量比较法来确定汽车是否需要大修，这样的随意性测量误差较大。为了达到准确测量、正确判断的目的，应该采用专用工具（内径百分表俗称量缸表，如图4-26所示）测量法，对气缸几何尺寸进行检测，并通过所测量的数据进行分析，判断发动机气缸的磨损情况，视情况做出判断。

内径百分表由百分表、表杆座、活动测杆（量头）、支撑架和一套长度不等的接杆等组成，如图4-27所示。

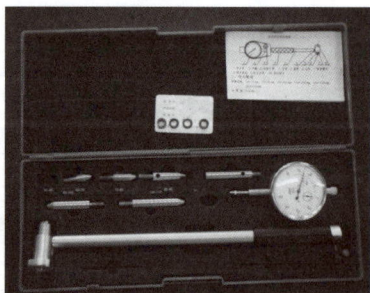

图4-26 内径百分表

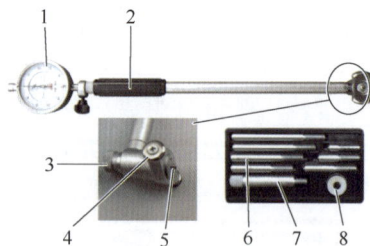

图4-27 内径百分表的组成
1—百分表 2—绝热套 3—表杆（接杆）座
4—支撑架 5—活动测杆（量头）
6—接杆 7、8—加长接杆

任务实施

示 意 图	操 作 提 示
	通常用内径百分表对气缸磨损进行测量
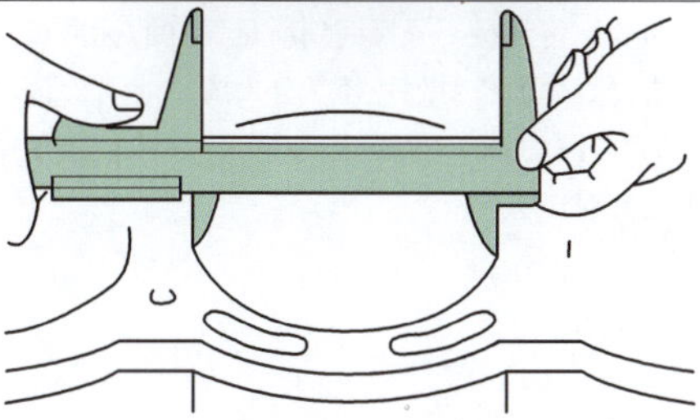 测量基本尺寸	使用游标卡尺测量气缸的基本尺寸
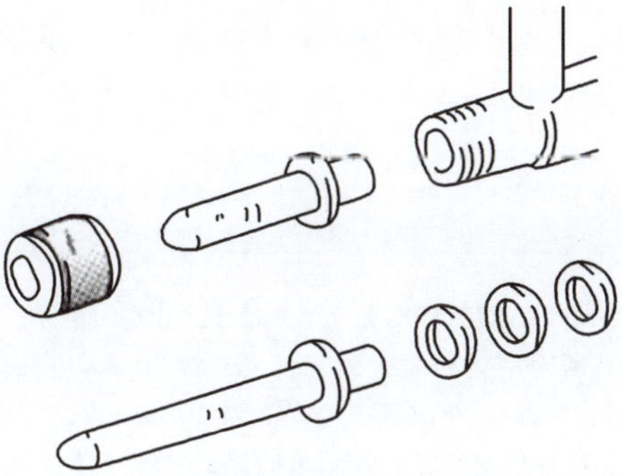 a) 安装接杆 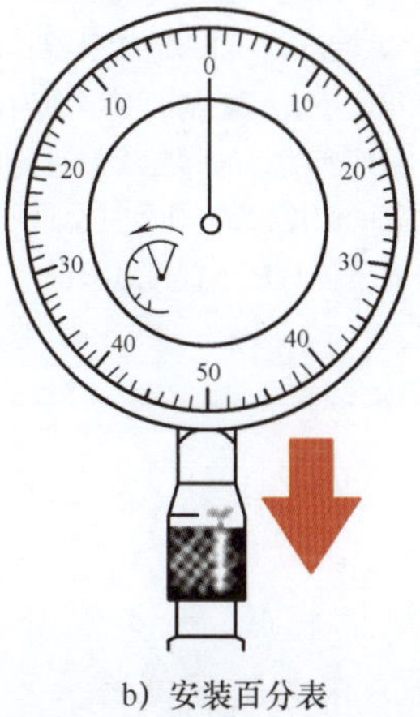 b) 安装百分表	校正百分表：选择基本尺寸范围内量程的千分尺并进行校正 　选择接杆：选择相应量程的接杆安装到内径百分表的下端，如左图 a 所示，并将百分表装入内径百分表上端的安装孔中，直到百分表摆动为止，如左图 b 所示，此时表明已消除百分表接头与内径百分表表杆的间隙

（续）

示　意　图	操　作　提　示
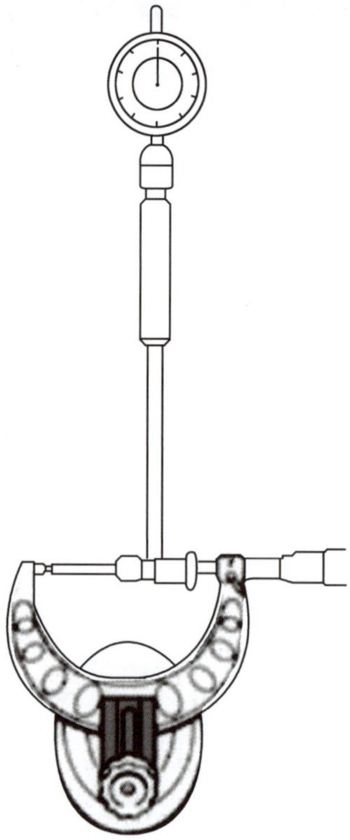	校对表：将外径千分尺调到所量气缸的标准尺寸，然后将内径百分表校对到外径千分尺的尺寸（保证内径百分表的测杆有1mm左右的伸缩量），并转动表盘使百分表大表针对正零
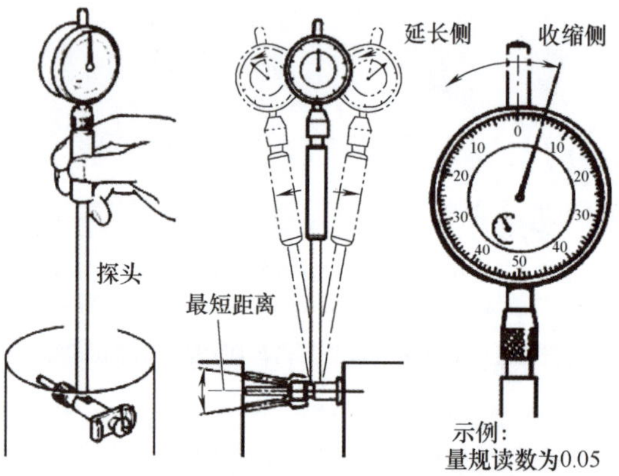	测量：在气缸中取上（活塞位于上止点时的第一道活塞环所对应的位置，距气缸上边缘10mm左右）、中（气缸中部）、下（距气缸下边缘10mm左右）三个截面。手握住绝热套，将活动测杆靠住被测部位，慢慢摆动表杆，使内径百分表的测杆与气缸轴线垂直（可通过观察百分表指针摆动情况来判断：当表针指示到最小数值时，即表示测杆已垂直于气缸轴线） 计算气缸的圆度误差和圆柱度误差：每个横截面所测得最大直径与最小直径之差的一半即为该截面的圆度误差，对三个截面所测得的圆度误差进行比较，取其最大值作为该气缸的圆度误差。同一气缸中不同截面所测得的直径中最大直径与最小直径之差的一半即为被测气缸的圆柱度误差

🔧 **注意事项**

1）使用前，应检查活动测杆的灵活性。轻轻推动活动测杆时，活动测杆在套筒内的移动要灵活，没有轧卡现象，每次手松开后，指针应能回到原来的刻度位置。

2）使用时，必须把百分表固定在可靠的夹持架上，切不可夹在不稳固的地方，否则容易造成测量结果不准确或摔坏百分表。

3）测量时，不要使活动测杆的行程超过它的测量范围，另外，切勿使表头突然撞到工件上，也不要用百分表测量表面粗糙或显著凹凸不平的工件。

4）测量平面时，百分表的活动测杆要与平面垂直，测量圆柱形工件时，活动测杆要与工件的中心线垂直，否则，将导致活动测杆活动不灵或测量结果不准确。

5）为方便读数，在测量前一般都让大指针指到刻度盘的零位。

课后测评

一、填空题

1. 百分表属于＿＿＿＿＿测量工具，是一种测量精度比较高的＿＿＿＿＿。

2. 百分表是一种精度较高的比较量具，它只能测出物体的＿＿＿＿＿，不能测出外径。

3. 百分表主要由三个部分组成：＿＿＿＿＿、＿＿＿＿＿和＿＿＿＿＿。

4. 汽车修理行业通常采用＿＿＿＿＿和上下位置测量＿＿＿＿＿，来确定汽车是否需要大修。

二、判断题

1. 百分表主要用于检测工件的形状和位置误差，也可用于校正零件的安装位置以及测量零件的内径等。　　　　　　　　　　　　　　　　　　　　　（　　）

2. 百分表是利用齿条齿轮或杠杆齿轮传动，将活动测杆的直线位移变为指针的角位移的计量器具。　　　　　　　　　　　　　　　　　　　　　　　　　（　　）

3. 使用时，百分表可随便夹在不稳固的地方。　　　　　　　　　　　　　（　　）

4. 测量平面时，百分表的活动测杆要与平面垂直。　　　　　　　　　　　（　　）

三、选择题

1. 百分表表盘上的分度值为（　　　）。

A. 0.01mm　　　　　B. 0.02mm　　　　　C. 0.1mm　　　　　D. 1mm

2. 在测量气缸时，应使用（　　）测量气缸的基本尺寸。

A. 钢直尺　　　　　B. 卷尺　　　　　C. 游标卡尺　　　　　D. 千分尺

3. 测量气缸时应校对百分表，要将（　　）调到所量气缸的标准尺寸，然后将内径百分表校对到该尺的尺寸。

A. 钢直尺　　　　　B. 卷尺　　　　　C. 游标卡尺　　　　　D. 外径千分尺

任务四　密度计的选用及使用

任务目标

1. 了解密度计和冰点测试仪的特点和应用场合。

2. 学会密度计和冰点测试仪的使用与操作。

3. 学会正确进行电解液密度检查和冰点检测。

知识储备

一、吸入式密度计

密度计的使用范围很广，用于测定各种酸、碱、盐类水溶液的密度。汽车维修中主要使用吸入式密度计，用来检测蓄电池电解液的密度和冷却液的密度等。吸入式密度计的工作原理为物体在流体内受到的浮力与流体密度有关，流体密度越大浮力越大。如果规定了被测样品的温度（例如规定25℃），则仪器也可以用密度数值作为刻度值。这类仪器中最简单的是目测浮子式玻璃密度计，简称玻璃密度计，如图4-28所示。

吸入式玻璃密度计的主要结构是一个吸液玻璃管，在玻璃管内存有一个密度计，玻璃管两端各有一个吸嘴和橡胶球，如图4-29所示。

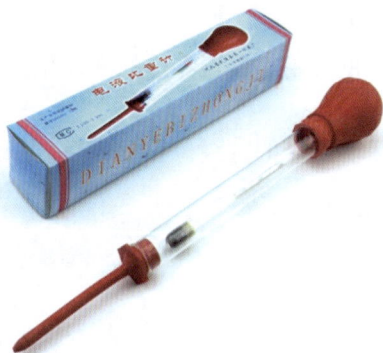

图4-28　目测浮子式玻璃密度计

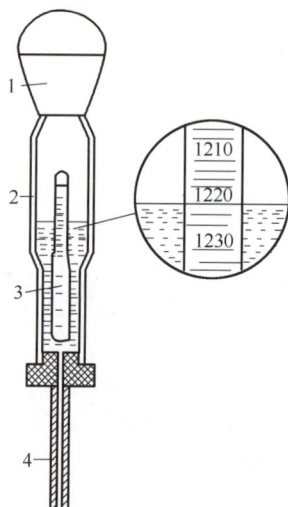

图4-29　吸入式玻璃密度计

1—橡胶球　2—吸液玻璃管　3—密度计　4—吸嘴

二、冰点测试仪

冰点测试仪可测量冷却液的冰点、铅酸蓄电池电解液的密度、玻璃清洗剂的冰点。冰点测试仪装在专用盒内，内有说明书、螺钉旋具、吸管、绒布和标准液等，如图4-30所示。

冰点测试仪是测量冷却液冰点的精密光学仪器，其基本原理是应用全反射临界角法测量溶液的折射率，进而标定出所测液体的浓度及其性能。由于其原理可靠，精度能满足实际需要，又有体积小、重量轻、造型美观、使用方便等优点，所以广泛应用于汽车行业。冰点测试仪主要由折光棱镜、校准螺栓、光学系统管路和目镜等组成，其结构如图4-31所示。

调节好冰点测试仪的目镜后，透过目镜可以看到图4-32所示的视场。视场中左侧标尺是电解液的密度。在1.10～1.20kg/L范围内，表明蓄电池需充电；在1.20～1.25kg/L范围内，表明蓄电池电量够用；在1.25～1.40kg/L范围内，表明蓄电池电量充足。中间标尺

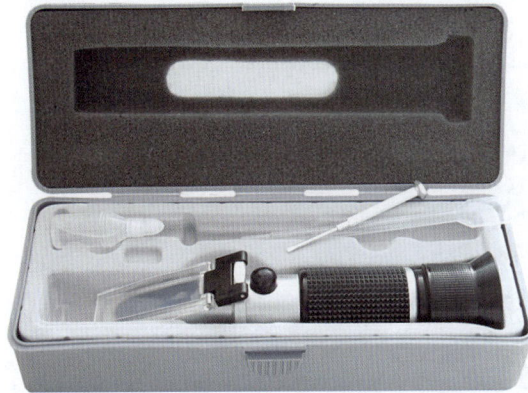

图 4-30　冰点测试仪

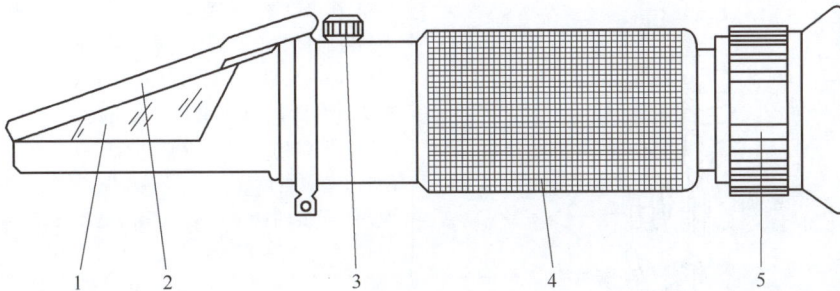

图 4-31　冰点测试仪结构
1—折光棱镜　2—盖板　3—校准螺栓　4—光学系统管路　5—目镜视度调节环

ETHYLENE 表示乙二醇型冷却液的冰点，PROPYLENE 表示丙三醇型冷却液的冰点。右侧标尺为玻璃清洗剂的冰点。

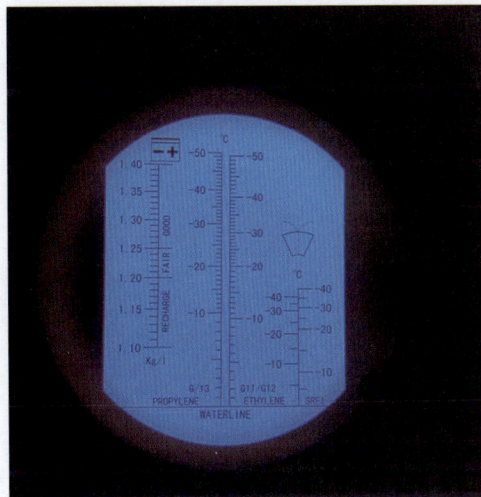

图 4-32　视场

任务实施

示 意 图	操 作 提 示
1. 检查电解液密度	
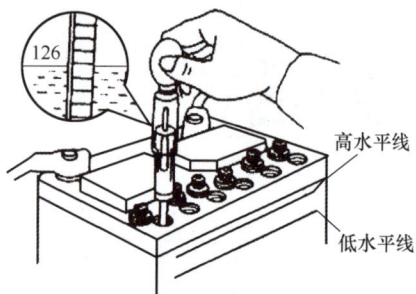 a) 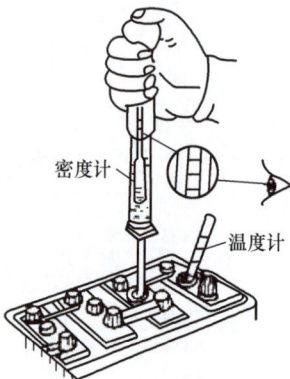 b)	1）打开蓄电池的加液盖 2）把密度计下端的橡胶管插入单格蓄电池的加液孔内 3）用手将橡胶球捏瘪，再慢慢放开，电解液就会被吸到玻璃管中，如左图 a 所示 4）注意控制吸入时电解液不应过多或过少，以能将密度计浮子浮起而不会顶住吸液玻璃管为宜 5）使管内的浮子浮在玻璃管中央（不要相互接触），读取密度计的读数。要求读数时使密度计刻度线与眼睛平齐，测量的密度值应用标准温度（25℃）予以校正（同时测量电解液温度），如左图 b 所示
2. 冰点测试仪使用步骤	
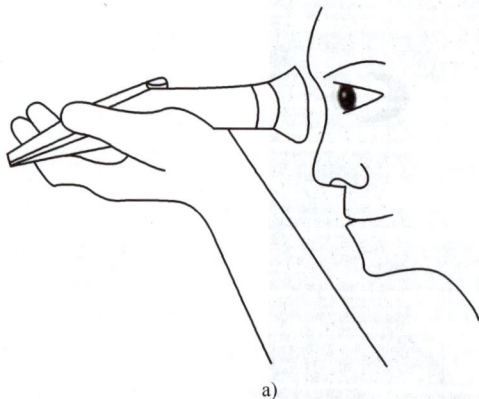 a)	1）将折光棱镜对准光亮方向，调节目镜视度调节环，直到标线清晰为止，如左图 a 所示

（续）

示 意 图	操 作 提 示
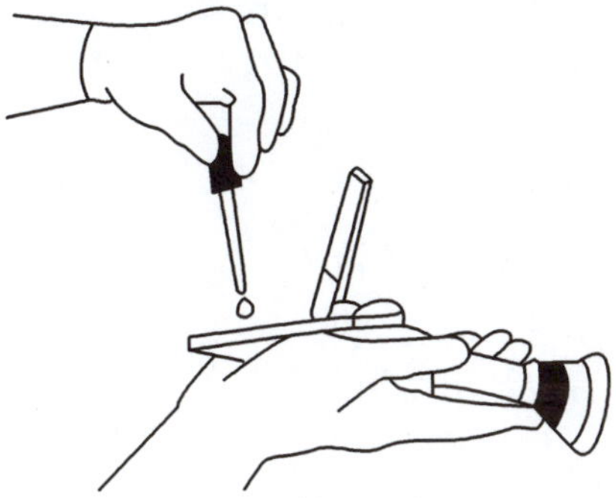 b)	2）调整基准：测定前首先使标准液（纯净水）、仪器及待测液体基于同一温度；掀开盖板，然后取2～3滴标准液滴于折光棱镜上，如左图b所示，并用手轻轻按压平盖板，通过目镜看到一条蓝白分界线；旋转校准螺栓使目镜视场中的蓝白分界线与基准线重合
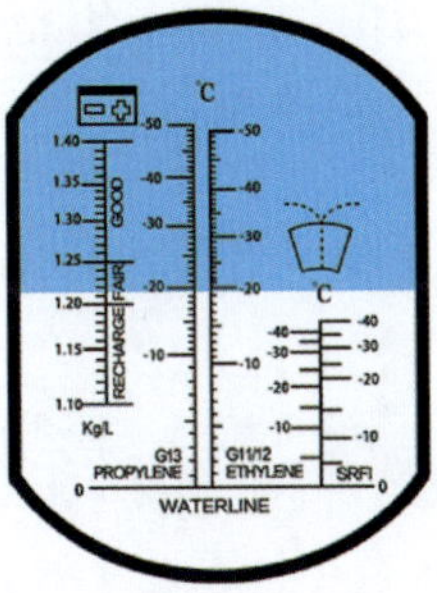 c)	3）测量：用柔软绒布擦净棱镜表面及盖板，掀开盖板，取2～3滴被测溶液滴于折光棱镜上，盖上盖板轻轻按压平，里面不要有气泡，然后通过目镜读取蓝白分界线的相对刻度，如左图c所示，该刻度即为被测液体的测量值 4）测量完毕后，直接用潮湿绒布擦净棱镜表面及盖板上的附着物，待干燥后，妥善保存起来 5）在测量电解液时，注意不要洒在皮肤上或溅入眼中，以防烧伤，测试后仔细擦净仪器

注意事项

1. 检查电解液密度的注意事项

1）密度计使用前必须全部清洗擦干（用肥皂或酒精擦洗干净）。

2）经过清洁处理后的密度计，手不能拿在密度计的刻线部分，必须用食指和拇指轻轻拿在干管顶端，并注意不能横拿，而是应垂直拿，以防折断。

3）必须把盛液体用的筒清洗干净，以免影响读数。

4）要充分搅拌液体，等气泡消除后再把密度计轻轻漂浮于液体里，使密度计在检测点上下之间的三个分度内浮动，待有良好的弯月面时读取读数，否则读数不准。

5）要看清密度计的读数方法，除密度计内的小标志上标明"弯月面上缘读数"外，其他一律用"弯月面下缘读数"。

6）液体温度与密度计标准温度不符时，其读数应予纠正。

7）若发现密度计位置移动、玻璃裂痕、表面有污物附着而无法去除时，该密度计应立即停止使用。

2. 使用冰点测试仪的注意事项

1）使用完毕后，严禁用水直接冲洗，避免光学系统管路进水。

2）不要将液体和水弄进调节旋钮和目镜内，以免损坏内部器件。

3）在使用与保养中应轻拿轻放，不得任意松动仪器各连接部分，不得跌落、碰撞，仪器要精心保养，光学零件表面不应碰伤、划伤。

4）本仪器应在干燥、无尘、无腐蚀性气体的环境中保存，以免光学零件表面发霉。

课后测评

一、填空题

1. 密度计的使用范围很广，用于测定各种酸、碱、盐类水溶液的_____。

2. 吸入式玻璃密度计主要由_____、_____、_____和_____组成。

3. 冰点测试仪可测量冷却液的_____、铅酸蓄电池电解液的_____及玻璃清洗剂的冰点。

4. 冰点测试仪主要由_____、_____、_____和_____等组成。

二、判断题

1. 观察冰点测试仪测蓄电池电解液的密度，视场在 1.10～1.20kg/L 范围内时，表示蓄电池电量够用。　　　　　　　　　　　　　　　　　　　　　（　　）

2. 使用密度计读数时，密度计刻度线与眼睛要平齐。　　　　　　　　　（　　）

3. 冰点测试仪使用前要调整基准。　　　　　　　　　　　　　　　　　（　　）

任务五　万用表的选用及使用

任务目标

1. 了解万用表的特点和应用场合。

2. 学会万用表的使用与操作。

3. 学会正确对汽车上相关元器件的电流、电压和电阻等进行测量。

知识储备

万用表又称多用表、三用表、复用表，是一种多功能、多量程的测量仪表。万用表可测量直流电流、直流电压、交流电压、电阻和音频电平等，有的还可以测量交流电流、电容、电感及半导体的一些参数（如 β）。

常见的万用表主要有指针式万用表和数字式万用表两种，如图 4-33 所示。现今，数字式万用表已成为主流，有取代指针式万用表的趋势。与指针式万用表相比，数字式万用表灵敏度高、准确度高、显示清晰、过载能力强、便于携带、使用更简单。

在汽车维修中，经常会用到数字式万用表来检测各类传感器的电阻、电压、电流等，以确定传感器的好坏。测量蓄电池的电压可判别蓄电池的好坏或检测汽车发电机工作是否正常等。

万用表测量电阻、电流、电压、电容以及二极管、晶体管等电子元件和电路的参量是通过调节中央旋钮来实现的。使用时，要将黑色测试笔插入"COM"插孔（图 4-34）。红色测试笔有三种插法，测量电压和电阻时插入"V·Ω"插孔，测量小于 200mA 的电流时插入"mA"插孔，测量大于 200mA 的电流时插入"10A"插孔。

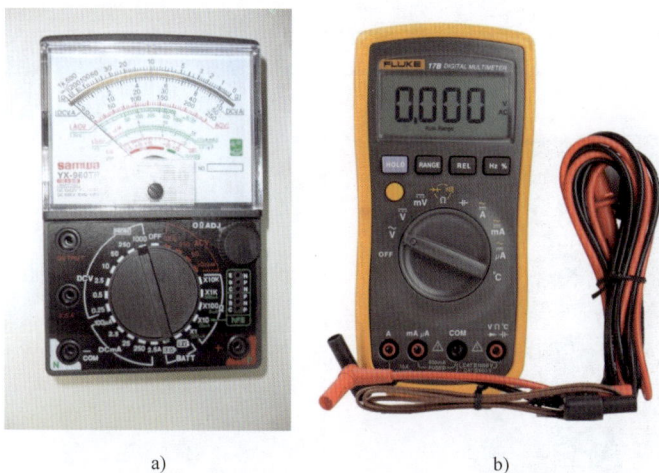

a)　　　　　　　　　　　　　　b)

图4-33　万用表

a）指针式万用表　b）数字式万用表

图4-34　万用表的表笔插孔

任务实施

示　意　图	操　作　提　示
1. 电阻的测量	
	1）红表笔插入"V·Ω"孔，黑表笔插入"COM"孔 2）量程旋钮转到"Ω"档的适当位置 3）分别用红、黑表笔接触电阻两端的金属部分 4）读出显示屏上显示的数据

（续）

示　意　图	操　作　提　示
2. 直流电压的测量	
	1）红表笔插入"V·Ω"孔 2）黑表笔插入"COM"孔 3）量程旋钮转到"V－"档的适当位置 4）读出显示屏上显示的数据
3. 交流电压的测量	
	1）红表笔插入"V·Ω"孔 2）黑表笔插入"COM"孔 3）量程旋钮转到"V～"档的适当位置 4）读出显示屏上显示的数据
4. 电流的测量	
	1）断开电路 　2）黑表笔插入"COM"孔，红表笔插入"mA"或者"20A"孔 　3）量程旋钮旋至"A～"（交流）档或"A－"（直流）档，并选择合适的量程 　4）断开被测电路，将数字万用表串联接入被测电路中，被测电路中电流从一端流入红表笔，经万用表黑表笔流出，再流入被测电路中 　5）接通电路 　6）读出显示屏上的数字

（续）

示　意　图	操　作　提　示
5. 电容的测量	
	1）将电容两端短接，对电容进行放电，确保数字万用表的安全 2）将量程旋钮转至电容"F"测量档，并选择合适的量程 3）将电容插入万用表"CX"孔 4）读出显示屏上的数字
6. 二极管的测量	
	1）红表笔插入"V·Ω"孔，黑表笔插入"COM"孔 2）量程旋钮旋转到（─▷├─）档 3）判断二极管的正负 4）红表笔接二极管的正极，黑表笔接二极管的负极 5）读出显示屏上的数据 6）两表笔换位，若显示屏上为"1"，则为正常，否则为此二极管被击穿
7. 晶体管的测量	
	1）红表笔插入"V·Ω"孔，黑表笔插入"COM"孔 2）量程旋钮旋转到（─▷├─）档 3）找出晶体管的基极 b 4）判断晶体管的类型（PNP 或者 NPN） 5）量程旋钮旋转到 HFE 档 6）根据类型插入 PNP 或 NPN 插孔测 β 7）读出显示屏中的 β 值

注意事项

1. 测量电阻的注意事项

1）量程的选择和转换。量程选小了显示屏上会显示"1."，此时应换用较大的量程；反之，量程选大了，显示屏上会显示一个接近于"0"的数，此时应换用较小的量程。

2）读数的方法。显示屏上显示的数字再加上档位选择的单位就是它的读数。要注意的是：在"200"档时，单位是"Ω"；在"2k～200k"档时，单位是"kΩ"；在"2M～2000M"档时，单位是"MΩ"。

3）如果被测电阻值超出所选择量程的最大值，将显示过量程"1."，这时应选择更高的量程，对于大于1MΩ或更高的电阻，要几秒钟后读数才能稳定，这是正常现象。

4）当没有连接好时，例如出现断路情况时，仪表显示为"1."。

5）当检查被测电路的阻抗时，要保证移开被测电路中的所有电源和电容放电。被测电路中，若有电源和储能元件，会影响电路阻抗测试的正确性。

6）万用表的200MΩ档位，表笔短接时会有一个电阻值（一般为1.0MΩ左右），测量一个电阻时，应当从测量读数中减去这个电阻值。例如，测一个电阻时显示为"101.0"，应从"101.0"中减去"1.0"，则被测元件的实际阻值为"100.0"（即100MΩ）。

2. 测量直流电压的注意事项

1）测量时应把量程旋钮旋到比估计值大的量程档（注意：直流档是"V－"，交流档是"V～"），接着把表笔接电源或电池两端，保持接触稳定。数值可以直接从显示屏上读取。

2）若显示为"1."，则表明量程太小，那么就要加大量程后再测量。

3）若在数值左边出现"－"，则表明表笔极性与实际电源极性相反，此时红表笔接的是负极。

3. 测量交流电压的注意事项

1）表笔插孔与测量直流电压时一样，不过应该将量程旋钮转到交流档"V～"所需的量程。

2）交流电压无正负之分，测量方法与之前相同。

3）无论测交流电压还是直流电压，都要注意人身安全，不要随便用手触摸表笔的金属部分。

4. 测量电流的注意事项

1）估计电路中电流的大小。若测量大于200mA的电流，则要将红表笔插入"10A"插孔并将量程旋钮转到直流"10A"档；若测量小于200mA的电流，则要将红表笔插入"200mA"插孔，将量程旋钮转到直流200mA以内的合适量程。

2）将万用表串接电路中，保持稳定，即可读数。如果显示为"1."，那么就要加大量程；如果在数值左边出现"－"，则表明电流是从黑表笔流进万用表。

3）测量交流电流的方法与测直流电流的方法相同，但档位应该换到交流档。

4）电流测量完毕后应将红表笔插回"V·Ω"孔。

5）如果使用前不知道被测电流范围，应将量程旋钮置于最大量程并逐渐下调。

6）如果显示器只显示"1."，则表示过量程，应将量程旋钮置于更高量程。

7）如果量程最大输入电流为200mA，过量的电流将烧坏熔丝，应更换熔丝后才能再次使用。20A 量程无熔丝保护，测量时不能超过 15s。

5. 测量电容的注意事项

1）测量前电容需要放电，否则容易损坏万用表。

2）测量后也要放电，避免埋下安全隐患。

3）仪器本身已对电容档设置了保护，故在电容测试过程中不用考虑极性及电容充放电等情况。

4）测量电容时，将电容插入专用的电容测试插座中（不要插入"COM"或"V·Ω"孔）。

5）测量大电容时稳定读数需要一定的时间。

6）电容的单位换算：$1\mu F = 10^6 pF$；$1\mu F = 10^3 nF$。

6. 测量二极管的注意事项

二极管正负好坏的判断：红表笔插入"V·Ω"孔，黑表笔插入"COM"孔，量程旋钮旋转到（⊣▷⊢）档，然后颠倒表笔再测一次，如果两次测量的结果一次显示"1."字样，另一次显示零点几的数字，那么此二极管就是一个正常的二极管；假如两次显示都相同的话，那么此二极管已经损坏。显示屏上显示的一个数字即是二极管的正向压降：硅材料为 0.6V 左右；锗材料为 0.2V 左右。根据二极管的特性，可以判断此时红表笔接的是二极管的正极，而黑表笔接的是二极管的负极。

7. 测量晶体管的注意事项

1）"e""b""c"管脚的判定：红表笔插入"V·Ω"孔，黑表笔插入"COM"孔，量程旋钮旋转到（⊣▷⊢）档，先假定 A 脚为基极，用黑表笔与该脚相接，红表笔与其他两脚分别接触；若两次读数均为 0.7V 左右，然后再用红笔接 A 脚，黑笔接触其他两脚，若均显示"1"，则 A 脚为基极，否则需要重新测量，且此管为 PNP 管。

2）判断集电极和发射极。可以利用"HFE"档来判断：先将量程旋钮旋转到"HFE"档，可以看到档位旁有一排小插孔，分为 PNP 和 NPN 管的测量。前面已经判断出管型，将基极插入对应管型"b"孔，其余两脚分别插入"c""e"孔，此时可以读取数值，即 β 值；再固定基极，其余两脚对调；比较两次读数，读数较大的管脚位置与"c""e"相对应。

8. 其他注意事项

1）如果无法预先估计被测电压或电流的大小，则应先拨至最高量程档测量一次，再视情况逐渐把量程减小到合适位置。测量完毕，应将量程旋钮拨到最高电压档，并关闭电源。

2）满量程时，若仪表仅在最高位显示数字"1"，其他位均消失，这时应选择更高的量程。

3）测量电压时，应将数字万用表与被测电路并联。测电流时，应将数字万用表与被测电路串联，测直流量时不必考虑正、负极性。

4）当误用交流电压档去测量直流电压，或者误用直流电压档去测量交流电压时，显示屏将显示"000"，或低位上的数字出现跳动。

5）禁止在测量高电压（220V 以上）或大电流（0.5A 以上）时换量程，防止产生电弧，烧毁开关触点。

6）当万用表的电池电量即将耗尽时，显示屏左上角的电池图标会出现电量低的提示，若此时仍进行测量，测量值会比实际值偏高。

课后测评

一、填空题

1. 常见的万用表主要有_____万用表和_____万用表两种。

2. 万用表是一种多功能、_____的测量仪表。

3. 使用万用表时，要将黑色测试笔插入_____的插口。

二、判断题

1. 测电阻时，量程选小了显示屏上会显示"1."，此时应换用较大的量程。 （ ）

2. 测电压时，若在数值左边出现"－"，则表明表笔极性与实际电源极性相反，此时红表笔接的是正极。 （ ）

3. 检测二极管时，两次测量的结果是一次显示"1."字样，另一次显示零点几的数字，那么此二极管就是一个正常的二极管。 （ ）

三、选择题

1. 测量电阻时，要将红表笔插入（ ）孔。

A. COM   B. V·Ω   C. mA   D. 10A

2. 测量小于200mA的电流时，要将红表笔插入（ ）孔。

A. COM   B. V·Ω   C. mA   D. 10A

3. 测量二极管时，黑表笔插入（ ）孔。

A. COM   B. V·Ω   C. mA   D. 10A

项目五

汽车维修专用工具的选用及使用

项目描述

在汽车维修、拆装和装配作业过程中应正确使用专用工具。专用工具的种类很多，用途也各不相同，专用工具使用的正确与否，直接关系到维修工作的效率高低。若使用不正确，不但影响工作效率，还会造成各部件和工具的损坏，甚至会发生人身伤亡事故。本项目主要围绕汽车维修专用工具的选用和使用进行学习和训练，以使学生了解专用工具的用途，并熟练掌握专用工具的使用方法。

任务一　气门钳的选用及使用

任务目标

1. 了解气门钳的特点和应用场合。
2. 学会气门钳的选用和使用。
3. 学会正确对气门弹簧进行拆装。

知识储备

一、分类

气门钳（图5-1）的种类有两种，一种是涡旋弹簧式，另一种是夹持类手动式。涡旋弹簧式气门钳在汽车维修中应用较广泛，其结构如图5-2所示。

二、应用场合

在对气门进行拆卸时，应先把发动机气缸盖拆卸下来，用涡旋弹簧式气门钳选好合适的

a)   b)

图 5-1　气门钳

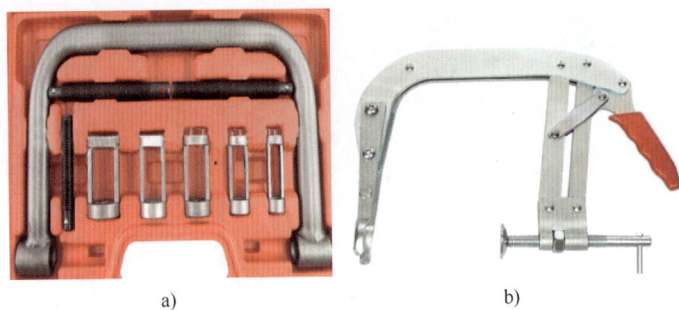

a）涡旋弹簧式　b）夹持类手动式

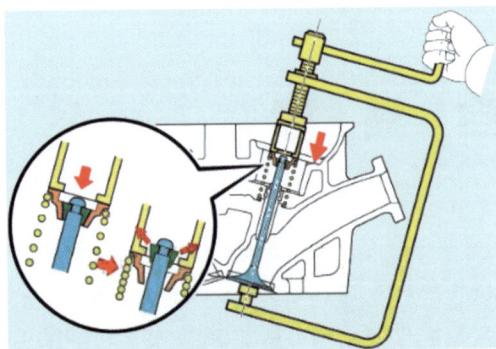

图 5-2　涡旋弹簧式气门钳结构

尺寸，将气门钳一端放在节气门座上，带有接头的一端放在气门弹簧座上，进行下压。

气门钳用于装配气门弹簧。使用时，将钳口收缩到最小位置，插入气门弹簧座下，然后旋转手柄。左手掌向前压牢，使钳口贴紧弹簧座，装好气门锁（销）片后，反方向旋转气门弹簧装卸手柄，取出装卸钳，涡旋弹簧式气门钳如图5-3所示。

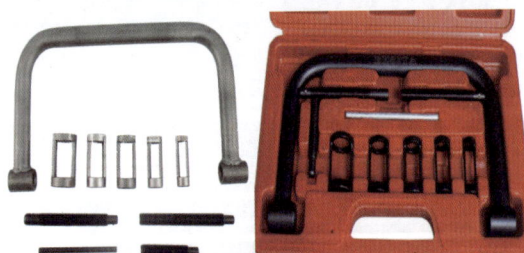

图 5-3　涡旋弹簧式气门钳的使用

气门钳做工精细，使用稳定，其弓形结构确保了气门的同轴度。

任务实施

示　意　图	操　作　提　示
1. 气门钳的组成与作用	
	气门钳的组成：气门弹簧拆卸架、气门弹簧、手柄 　气门钳的作用：用于发动机大修时，拆卸气门导管及油封，防止气门导管安装不到位或不正确而导致异响
2. 气门钳的使用	
	首先把气门钳组合起来。使用时，将气门钳抵住气门，压环对正气门弹簧座，然后压下手柄，使气门弹簧被压缩。这时可取下气门弹簧锁销或锁片，然后松开手柄，取下气门弹簧座、气门弹簧和气门等
3. 气门的组成	
	气门由气门杆、气门弹簧、弹簧座、锁片、卡环等组成
4. 使用注意事项	
 　　a)　　　　　　　　b)	1）安装时，调节适当的位置 　2）敲进气门时，用布将阀杆盖住，以便气门正确安装，防止气门弹簧锁片弹出 　3）拆卸的气门不能互换

课后测评

一、填空题

1. _____式气门钳在汽车维修中应用广泛。

2. 气门钳的类型分为_____和_____两种。

3. 气门弹簧钳的组成包括_____、_____和_____。

4. 气门由_____、_____、_____、_____和_____等组成。

5. 在对气门进行拆卸时，应先把_____拆卸，用_____式气门钳选好合适的尺寸，将气门钳一端放在_____，带有接头的一端放在气门弹簧座上，进行下压。

二、判断题

1. 夹持类手动式气门钳在汽车维修过程中应用广泛。 (   )

2. 在拆卸气门时，气门可以互换位置。 (   )

3. 在装配气门组时不需要注意气门的先后顺序就可以安装。 (   )

4. 用气门钳拆卸气门时不需要注意接头尺寸，随便装就可以进行拆卸。 (   )

三、选择题

1. 气门由气门杆、气门弹簧、弹簧座、卡环和（   ）组成。

A. 气门旋转机构　　　　B. 导管　　　　C. 气门锥角　　　　D. 锁片

2. 气门的常见耗损为（   ）。

A. 磨损　　　　B. 烧蚀　　　　C. 弯曲变形　　　　D. 断裂

3. 气门座铰削的方法不包括（   ）。

A. 初铰　　　　B. 试配　　　　C. 精铰　　　　D. 粗铰

任务二　活塞卡箍的选用及使用

任务目标

1. 了解活塞卡箍的特点和应用场合。
2. 学会活塞卡箍的选用和使用。
3. 学会对活塞进行正确的拆装。

知识储备

一、活塞卡箍的作用

活塞卡箍（图5-4）采用弹簧高强度处理，配有棘轮带锁装置。活塞卡箍用于活塞环装配或者活塞装配，可防止不当操作导致活塞环折断。

二、使用方法

活塞卡箍适用于汽车活塞装配，使用时，按

图5-4　活塞卡箍

照装配标记放入活塞，夹紧活塞环并用橡胶锤轻轻推入，之后取下活塞卡箍。

任务实施

示　意　图	操 作 提 示
1. 活塞卡箍的组成	
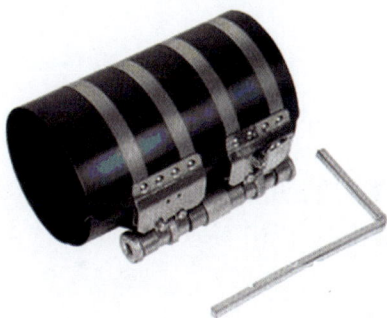	活塞卡箍由活塞卡套、内六角头螺栓和内六角螺杆组成，利用活塞卡箍可轻松地把活塞装进缸套内
2. 活塞卡箍的使用	
	1）将活塞按照正确方向进行安装 2）用活塞卡箍夹紧活塞 3）用橡胶锤将活塞推入缸套
3. 注意事项	
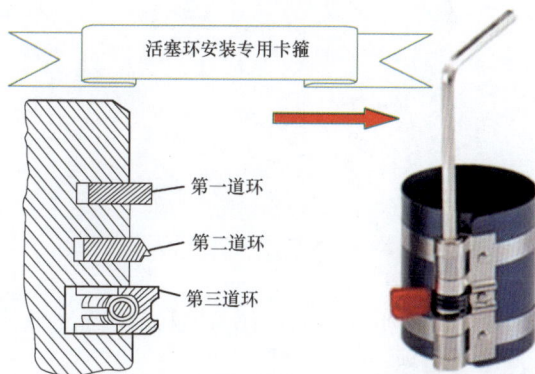	1）使用活塞卡箍时，首先要将活塞环夹紧，之后再进行装配 2）将活塞装入缸套内，用橡胶锤轻轻地推入，不能用力，要防止活塞环因没有夹紧而造成损坏 3）活塞环的安装位置应相互错开120°

课后测评

一、填空题

1. 活塞卡箍采用弹簧_____处理，配有_____。活塞卡箍用于_____或者活塞装配，可防止不当操作导致活塞环折断。

2. 活塞卡箍适用于汽车活塞装配，使用时，按照_____放入活塞，夹紧_____并用橡胶锤轻轻_____，之后取下活塞卡箍。

3. 活塞卡箍由_____、_____和_____组成。

二、判断题

1. 用活塞卡箍安装活塞时不需要注意方向。 ( )

2. 使用活塞卡箍时，首先用活塞卡箍将活塞夹紧，然后用锤子重敲进去。 ( )

3. 活塞卡箍用于活塞环装配或者活塞装配，可防止不当操作导致活塞环折断。 ( )

三、选择题

1. 安装活塞卡箍时，(   )。

A. 按随机方向进行安装

B. 按相关方向进行安装

C. 按正确方向进行安装

D. 以上说法都不对

2. 活塞环的位置相互错开 (   )。

A. 60°   B. 90°   C. 120°   D. 盆形

3. 安装活塞用 (   )。

A. 气门钳   B. 活塞卡箍   C. 火花塞套筒   D. 顶拔器

任务三　火花塞套筒的选用及使用

任务目标

1. 了解火花塞套筒的特点和应用场合。

2. 学会火花塞套筒的选用和使用。

3. 学会正确对火花塞进行拆装。

知识储备

一、火花塞的作用

汽油发动机是通过燃料和混合气体的适时燃烧使之产生动力的，作为燃料的汽油处于高温环境下也很难自燃，要想使其燃烧需要用"火"来点燃。

火花塞的作用是将点火线圈产生的脉冲高压电引进燃烧室，利用电极产生的电火花点燃混合气，以完成燃烧。

二、火花塞的组成

火花塞的组成主要有中央电极、钢质壳体、侧电极、陶瓷绝缘体等，如图 5-5 所示。中央电极由镍或镍合金制成，能承受爆发时的高温。钢质壳体上部为六角形，以便扳手拆装。陶瓷绝缘体包围着中央电极。中央电极与侧电极间的间隙称为火花塞间隙。

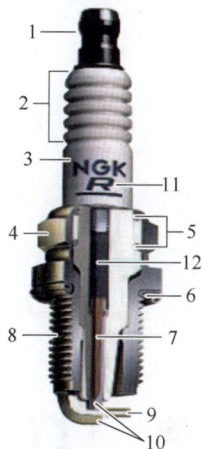

图 5-5　火花塞的组成

1—高压接线卡口　2—高氧化铝陶瓷绝缘体　3—商标　4—钢质壳体（六角形）　5—内垫圈（密封导热）
6—密封垫圈　7—中央电极导电杆　8—火花塞裙部螺纹　9—火花塞间隙　10—中央电极和侧电极
11—型号　12—去干扰电阻

三、火花塞的要求

火花塞具有以下六方面要求：
（1）耐热性　要求火花塞可适应极热、极冷的情况。
（2）机械强度　要求火花塞可适应压力变化。
（3）绝缘性　要求火花塞维持高电压的绝缘性。
（4）气密性　要求火花塞在恶劣的环境下保持气密性。
（5）耐消耗性　要求火花塞把电极的消耗降到最小。
（6）耐污损性　要求火花塞把燃烧的污垢减到最少。

四、火花塞的热特性

发动机工作时，火花塞产生火花的部位吸收热量并向冷却系统散发的性能称为火花塞的热特性。

1. 火花塞的类型

按照热特性的不同，火花塞分为热型、冷型和中型三种类型。
（1）热型　热型火花塞裙部长，传热距离越长，散热慢。
（2）冷型　冷型火花塞裙部短，传热距离越短，散热快。
（3）中型（普通型）　中型火花塞裙部长度介于热型与冷型之间。

2. 火花塞的热值

为了表示各种类型火花塞裙部的散热能力，一般用火花塞的热值来表示。火花塞的热值一般分1~9九个等级，1~3为低热值，4~6为中热值，7~9为高热值。

五、火花塞的型号

国产火花塞的型号由数字和字母组成。

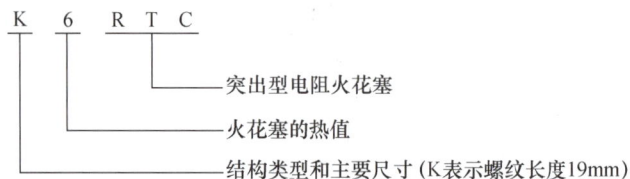

K 6 R T C

突出型电阻火花塞

火花塞的热值

结构类型和主要尺寸（K表示螺纹长度19mm）

六、火花塞套筒的分类

火花塞套筒的种类有很多，有加长T形火花塞套筒、镜面火花塞套筒、弹片式火花塞套筒、双头火花塞套筒和三用火花塞套筒等，如图5-6所示。

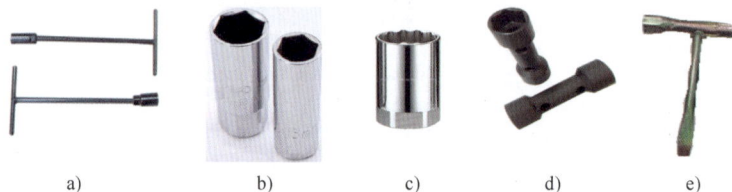

a) b) c) d) e)

图5-6 火花塞套筒类型

a）加长T形火花塞套筒 b）镜面火花塞套筒 c）弹片式火花塞套筒 d）双头火花塞套筒 e）三用火花塞套筒

加长T形火花塞套筒在汽车维修过程中应用广泛（图5-7）。

图5-7 加长T形火花塞套筒的应用

七、火花塞套筒的应用

火花塞套筒属薄壁长套筒，为火花塞的专用拆装工具。使用时，根据火花塞的装配位置和火花塞六角的尺寸，应选用不同高度和径向尺寸的火花塞套筒（图5-8）。

图 5-8　火花塞套筒的应用

任务实施

示　意　图	操　作　提　示
1. 火花塞套筒的组成	
火花塞接杆　火花塞套筒	了解火花塞套筒各部位的名称及结构特点
2. 火花塞套筒的使用	
	轻轻把火花塞套筒竖直放入火花塞螺纹孔，慢慢地顺时针拧上，确定没有错牙后再慢慢拧紧，并拧到规定力矩
3. 使用注意事项	
	1）使用时，根据火花塞的装配位置和火花塞六角的尺寸，应选用不同高度和径向尺寸的火花塞套筒 2）拆装火花塞时，应套正火花塞套筒再扳转，以免套筒滑脱 3）扳转火花塞套筒时，不准随意加长手柄，以免损坏套筒

课后测评

一、填空题

1. 火花塞套筒分为_____、_____、_____、_____和_____等多种类型。

2. 火花塞的要求为具有_____、_____、_____、_____、_____和_____。

3. 火花塞的特性用_____表示。

二、判断题

1. 使用时，根据火花塞的装配位置和火花塞六角的尺寸，应选用不同高度和径向尺寸的火花塞套筒。　　　　　　　　　　　　　　（　　）

2. 相对散热量较小的称为低热值火花塞，也就是热型火花塞。　（　　）

3. 拆装火花塞时，应套正火花塞套筒再扳转，以免套筒滑脱。　（　　）

三、选择题

1. 下列不是火花塞的热特性的是（　　　）。

A. 冷型
B. 热型
C. 中型
D. 高型

2. 下列不能用于拆卸火花塞的是（　　　）。

A. 加长 T 形火花塞套筒
B. 弹片式火花塞套筒
C. 双头火花塞套筒
D. 扭力扳手

3. 下列不是火花塞构造的是（　　　）。

A. 中央电极
B. 钢质壳体与侧电极
C. 绝缘磁芯
D. 火花塞间隙

任务四　　顶拔器的选用及使用

任务目标

1. 了解顶拔器的特点和应用场合。
2. 学会顶拔器的选用和使用。
3. 学会正确使用顶拔器进行拆装。

知识储备

一、分类

顶拔器是用于拆卸在轴上过盈配合的齿轮或轴承等零件的专用工具，如图 5-9 所示。

三爪式顶拔器由螺钉旋具、丝锥铰杠和板牙铰杠组成，如图 5-10 所示。

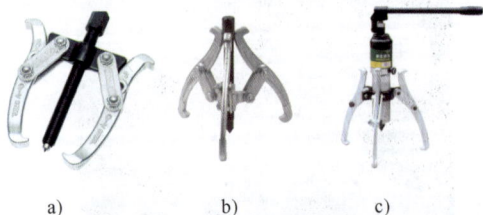

a)　　　　　　b)　　　　　　c)

图 5-9　顶拔器

a）两爪式　b）三爪式　c）液压式

二、应用场合

使用顶拔器时，在轴端与压力螺杆之间垫一个垫板，用顶拔器的拉爪拉住齿轮或轴承，然后拧紧压力螺杆，即可从轴上拉下齿轮等过盈配合安装的零件（图5-11）。

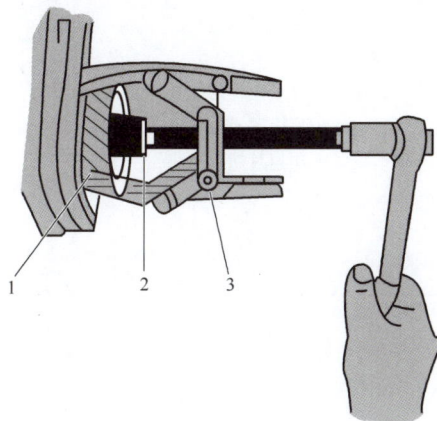

图 5-10 三爪式顶拔器的组成

1—螺钉旋具 2—丝锥铰杠 3—板牙铰杠

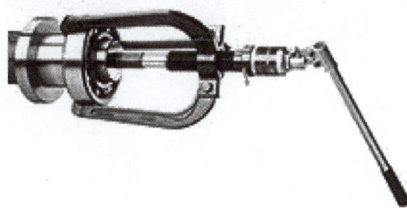

图 5-11 顶拔器的应用

任务实施

示 意 图	操 作 提 示
1. 顶拔器的应用	
	用于拆卸、引拔轴承、齿轮、带轮等的工具
2. 顶拔器的使用	
	1）根据固定件的大小，选择适合的顶拔器 2）将顶拔器的钳爪拉住固定件，不能松滑 3）借助扳手转动顶拔器螺栓，注意旋转方向 4）取下固定件

（续）

示 意 图	操 作 提 示
3. 注意事项	
	1）顶拔器拉力不能过大，防止损坏物件 2）使用时应防止顶拔器钳爪打滑 3）使用顶拔器不能超过螺钉长度

课后测评

一、填空题

1. 顶拔器有_____、_____和_____类型。
2. 三爪式顶拔器由_____、_____和_____组成。
3. 顶拔器是用于_____的齿轮或轴承等零件的专用工具。

二、判断题

1. 顶拔器可用于拆卸引拔轴承、齿轮、齿带等。 （　　）
2. 顶拔器没有行程规定。 （　　）
3. 在使用顶拔器时，钳爪松滑能正常进行下一步操作。 （　　）
4. 在使用顶拔器时，可用手进行对固定件的拆卸。 （　　）

三、选择题

1. 下列使用顶拔器注意事项错误的是（　　）。
   A. 注意旋转方向　　　　　　　　B. 拉力不能过大
   C. 防止打滑　　　　　　　　　　D. 可使用超长螺钉
2. 下列不是三爪式顶拔器的组成的是（　　）。
   A. 螺钉旋具　　　　　　　　　　B. 丝锥铰杠
   C. 板牙铰杠　　　　　　　　　　D. 液压泵

任务五　离合器压盘拆装器的选用及使用

任务目标

1. 了解离合器压盘拆装器的特点和应用场合。
2. 学会离合器压盘拆装器的选用和使用。
3. 学会正确使用离合器压盘拆装器进行拆装。

知识储备

一、离合器

1. 离合器的作用

离合器主要是使发动机与变速器进行分离和接合，以切断或传递发动机向传动系统输出的动力，起到保证汽车平稳起步、便于挂档、防止传动系统过载等作用。

2. 离合器的类型与组成

汽车上广泛应用的是摩擦式离合器，主要有膜片弹簧式离合器、周布弹簧式离合器等，如图 5-12 所示。下面以膜片弹簧式离合器为例，介绍离合器的组成。

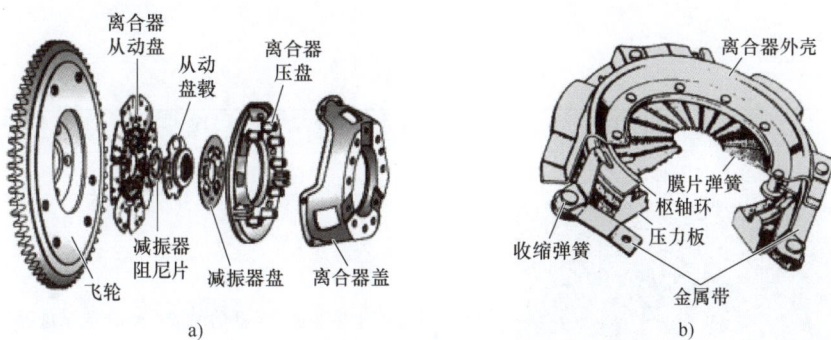

图 5-12　摩擦式离合器

a）膜片弹簧式离合器　b）周布弹簧式离合器

（1）组成　膜片弹簧式离合器由主动部分、从动部分、压紧机构和分离机构四个部分组成。

1）主动部分包括飞轮、离合器盖和压盘。

2）从动部分包括从动盘和输出轴。

3）压紧机构包括离合器盖、压盘、固定销和膜片弹簧。

4）分离机构包括分离轴承和分离叉。

（2）工作过程

1）接合过程。在接合时，压紧弹簧将压盘、从动盘、飞轮相互压紧，发动机的动力经飞轮及压盘摩擦产生的力矩传到从动盘，再传给变速器。

2）分离过程。踩下离合器踏板时，拉杆分离叉向后移动，分离叉内侧通过分离轴承推动分离杠杆向前移动，压盘向后移动，进一步压缩弹簧的同时，解除对从动盘的压力，此时中断动力的传递。

3）二次接合过程。需要恢复动力传递时，缓慢抬起离合器踏板，分离杠杆的压力减小，压盘在弹簧的作用下逐渐压向从动盘，使传递的力矩增大。

二、离合器压盘拆装器

离合器压盘拆装器由旋转螺栓、上压板和下压板组成，如图 5-13 所示，用于离合器压盘的拆装。

离合器压盘拆装器主要用来拆卸离合器弹簧。因为离合器弹簧的弹力较大，为了防止在拆卸时人受到伤害，采用离合器压盘拆装器进行操作，如图5-14所示。

图5-13　离合器压盘拆装器

图5-14　离合器压盘拆装器的应用

任务实施

示　意　图	操　作　提　示
1. 离合器压盘拆装器的组成及作用	
	离合器压盘拆装器的组成：离合器压盘拆装器由旋转螺栓、上压板和下压板组成 　离合器压盘拆装器的作用：有利于离合器压盘的拆装
2. 离合器压盘拆装器的使用	
	1）把离合器压盘拆装器的下压板放在离合器的下方 　2）再把上压板放在上面，并旋紧螺栓，取下离合器上的螺栓
3. 使用注意事项	
	1）将下压板平整放在离合器的下方 　2）放置上压板时，尽量与离合器上的螺栓分开 　3）离合器压盘拆装器的螺栓要旋紧，防止离合器弹簧弹出

课后测评

一、填空题

1. 膜片弹簧式离合器由_____、_____、_____和_____组成。

2. 离合器主动部分由_____、_____和_____组成。

3. 摩擦式离合器的类型有_____和_____。

4. 离合器的从动部分由_____和_____组成。

5. 膜片弹簧式离合器的工作过程分为_____、_____和_____。

二、判断题

1. 离合器能保证汽车平稳起步。　　　　　　　　　　　　　　　　　　　（　　）

2. 主、从动部分和压紧机构是保证离合器处于分离状态并能传递动力的基本结构，而分离机构和操纵机构主要是使离合器结合的装置。　　　　　　　　　　　　（　　）

3. 离合器处于接合状态时，压紧弹簧将压盘、飞轮及从动盘互相压紧。　　（　　）

4. 离合器可防止传动系统过载。　　　　　　　　　　　　　　　　　　　（　　）

5. 若要接合离合器，驾驶人应踩下离合器踏板，控制操纵机构使分离轴承和分离叉向后移，压紧弹簧的张力迫使压盘和从动盘压向飞轮。　　　　　　　　　　　（　　）

三、选择题

1. （　　）不是离合器组成的。

A. 主动部分　　　　　B. 从动部分　　　　　C. 压紧装置　　　　　D. 离合器主缸

2. 膜片弹簧式离合器不包括（　　）。

A. 飞轮　　　　　　　B. 离合器盖　　　　　C. 压盘　　　　　　　D. 支架

3. 下列不属于膜片弹簧式离合器压紧机构与分离机构的是（　　）。

A. 膜片弹簧　　　　　B. 飞轮　　　　　　　C. 分离轴承　　　　　D. 分离叉

项目六

汽车维修常用设备的使用

项 目 描 述

在汽车维修中，要用到各类维修设备，诸如举升机、千斤顶和动平衡机等。能够正确和熟练地使用这些设备，是维修人员必备的技能之一。本项目主要围绕汽车维修常用设备的选用及使用进行学习和训练。

任务一　举升机的使用

任务目标

1. 熟悉举升机的分类。
2. 掌握举升机的操作方法和安全使用规则。

知识储备

举升机在汽车维修与维护中发挥着至关重要的作用，它是汽车维修厂的必备设备，其性能与质量直接影响维修人员的人身安全。

一、分类

目前市场上举升机种类繁多，从举升机立柱结构来分类，有单柱式举升机、双柱式举升机、四柱式举升机和剪式举升机等（图6-1）。从举升机的驱动类型来分类，有气动式、液压式和机械式三类，其中以液压式居多。目前，汽车维修厂使用最多的是液压双柱式举升机和液压剪式举升机，本书将着重介绍这两种举升机的使用。

图 6-1　各式举升机

a）单柱式举升机　b）双柱式举升机　c）四柱式举升机　d）剪式举升机

二、应用

1. 单柱式举升机

单柱式举升机（图 6-2）是将停放在地面上的轿车等交通工具举升到一定高度进行维修的专用设备，用于汽车及工程车辆的局部举升，以便更换车辆轮胎或对车辆底盘进行各种维修作业。

图 6-2　单柱式举升机

单柱式举升机操作容易、美观、不占用空间便能将重物方便省力地举起，具有省时省力的优点，不用时完全放置于地面，方便汽车倒车和放置物品，是汽车修理不可缺少的器械。单柱式举升机分可移动式和固定式两种。单柱移动式举升机适用于室内外场地，单柱固定式举升机适用于室内面积较为紧凑的场所。

2. 双柱式举升机

双柱式举升机（图 6-3）的立柱为固定式，适合在维修 3t 以下的轿车、轻型车时使用。双柱式举升机将汽车举升在空中的同时可以节省大量的地面空间，方便地面作业。但是双柱式举升机为了最大程度地节省材料，一般都去掉了底板，由于没有底板，使得立柱的转矩需要靠地面来抵消，所以对地基要求很高；若有横梁（龙门举升机），就靠横梁抵消。

3. 四柱式举升机

四柱式举升机（图 6-4）是一种在大吨位汽车或货车修理和维护时常用的专用机械举升设备，四柱式举升机也很适合四轮定位时使用，因为一般四柱式举升机都有一个四轮定位档位，可以调整并确保汽车处于水平位置。

图 6-3　双柱式举升机

图 6-4　四柱式举升机

4. 剪式举升机

剪式举升机（图6-5）是用于汽车修理的机械举升设备。剪式举升机靠液压系统驱动升降，也称液压举升机，在汽车维修维护中发挥着至关重要的作用，整车大修及维护，都离不开剪式举升机。

图 6-5　剪式举升机

剪式举升机的特点：①机型优美，双层隐藏式结构，同步性能优越；②水平精确度可调，适合各种高精密四轮定位；③便于轮胎拆卸和底盘检修；④前轮转角盘（选配件）位置可调，可加长后轮滑板；⑤具有气动双齿自锁保险及防管爆装置，下降自动开启，配备免加油超耐磨材料滑动块；⑥具有进口液压、气动及电器元器件，设备运行平稳可靠。

任务实施

一、液压双柱式举升机的使用

示　意　图	操　作　提　示
1. 举升机的上升过程	
	1）使用前，打开电源，检查电动机电源是否安装正确，检查举升机有无漏电和漏油现象

（续）

示　意　图	操　作　提　示
	2）将车辆停在举升机的中间位置，此位置能将举升机的托臂支在汽车底盘的指定支撑位置
	3）对好四个支撑点（汽车底盘的指定位置上）
	4）四个支撑点（汽车底盘的指定位置上）的位置是加强钢板，可承受较大的力

2. 举升车辆

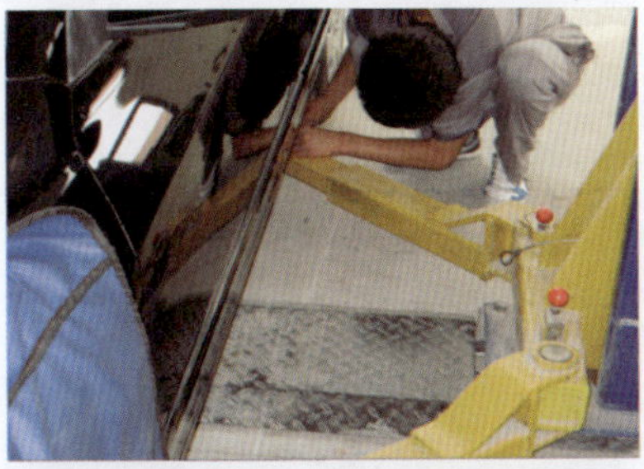	1）开动举升机，待支点接近车辆时停止举升车辆，检查支点与车辆是否对齐
	2）开动举升机，待支点与车辆接触后，重新检查支点位置，确定无误后将车辆举升离地300mm

（续）

示　意　图	操　作　提　示
	3）在车辆侧面推动车辆，确定车辆稳定后将车辆举升到工作高度。最后，按住卸压按钮给液压装置卸压，以保证车辆在空中稳定停留
3. 举升机下降	
机械安全锁	先按上升按钮，让举升的车辆上升一段距离，然后解除机械安全锁，使车辆下降至地面

二、液压剪式举升机的使用

1. 举升机上升过程

1）检查开关和按钮操作是否灵活有效，支车垫是否完好；确认工作区内有无人员和物体妨碍升降；举升板是否降至最低，斜坡板状态是否良好。

2）驾驶车辆上举升机，确保车身纵轴线在举升机中心线上。

3）如果轴距较长，抽出锁销，支起斜坡板。

4）在车底指定支车点放置专用塑胶支车垫。

5）打开主开关，按动上升按钮，检查塑胶支车垫是否稳定，是否有倾覆危险。

6）按动上升按钮，举升车辆至合适高度，监控整个过程。

2. 举升机下降过程

1）检查举升机周围是否有人员和物体，防止意外发生。

2）按动下降按钮使车辆至工作高度，并监控整个过程。

3）抽回锁销，放下斜坡板。

4）取下塑胶支车垫，将车辆驶离举升机。

注意事项

1）车辆的总质量不能大于举升机的举升质量。

2）根据车型和停车位置不同，应尽量使汽车重心与举升机重心相接近，严防偏重。

3）转动、伸缩、调整举升臂至汽车底盘指定位置并使其接触牢靠。

4）在举升汽车前，操作人员应检查汽车周围人员的动向，防止意外情况发生。

5）举升汽车时，要在汽车离开地面较低位置时进行支点复检，无异常现象时方可举升至所需高度。

6）严禁在举升机升降过程中从车下穿行，同时禁止一切维修工作。

7）举升机两侧应同时上升、同时下降。

课后测评

一、填空题

1. 从举升机立柱结构来分类，有_____、_____、_____和_____等。

2. 从举升机的驱动类型来分类，有_____、_____和_____三类，其中以液压式居多。

3. _____操作容易、美观、不占用空间便能将重物方便省力地举起。

4. _____是一种在大吨位汽车或货车修理和维护时常用的专用机械举升设备。

二、判断题

1. 车辆的总质量可以大于举升机的举升质量。　　　　　　　　　　（　　　）

2. 根据车型和停车位置的不同，应尽量使汽车的重心与举升机的重心相接近，严防偏重。　　　　　　　　　　　　　　　　　　　　　　　　　　　（　　　）

3. 举升机两侧应同时上升、同时下降。　　　　　　　　　　　　　（　　　）

4. 举升汽车时，要在汽车离开地面较低位置时进行支点复检，无异常现象时方可举升至所需高度。　　　　　　　　　　　　　　　　　　　　　　　　　（　　　）

5. 举升汽车前，操作人员应检查汽车周围人员的动向，防止意外情况发生。（　　　）

三、简答题

简述如何操作液压双柱式举升机。

任务二　千斤顶的使用

任务目标

1. 熟悉汽车千斤顶的种类。

2. 掌握千斤顶的操作方法和安全使用规则。

知识储备

汽车千斤顶放在汽车的工具箱里面，用于在更换备用轮胎时顶起车身。

一、分类

汽车千斤顶有气动千斤顶、电动千斤顶、液压千斤顶和机械式千斤顶等类型，一般常用的是液压和机械式千斤顶。

二、应用

1. 气动千斤顶

气动千斤顶（图6-6）全称为气囊式气动千斤顶，一般由三层、两层或单层气囊组成，主要工作原理是利用5~8kg的压力空压机充气，将车辆顶起。

气动千斤顶的特点：①轻松省力；②举升、下降速度快且平稳，一般轿车上升只需3s左右，不会伤到底盘；③性价比高；④坚固耐用，由于是纯气动产品，不含液压油，不存在漏油现象，所以不需要更换密封圈，因为气囊本身是橡胶产品，端口就像密封圈，气体密封极易完成；⑤可低温使用，因采用高性能气囊，即使在-40℃的条件下，性能同样出色；⑥使用范围广，由于与地面是平面接触，在沙地、雪地可照常使用，所以不存在下陷而无法支撑的现象。

2. 电动千斤顶

电动千斤顶（图6-7）利用电动机工作，依托汽车蓄电池作为动力来源，通过控制开关，自由、均匀、平稳地升降千斤顶机械部分，在汽车更换轮胎时更加省时省力，避免了传统千斤顶操作时的危险，操作方便、安全。

图6-6　气动千斤顶

图6-7　电动千斤顶

电动千斤顶的特点：①操作方便快捷；②取电简单，直接插入汽车点烟器中，或者连接汽车蓄电池即可使用；③操作安全，电动千斤顶在做顶升作业时，当超过顶举范围时会自动停止，具有良好的升降自锁功能，安全可靠。

3. 液压千斤顶

液压千斤顶是一种采用柱塞或液压缸作为刚性顶举件的千斤顶，它又分为立式千斤顶（图6-8）和卧式千斤顶（图6-9）两种。

图6-8　立式千斤顶

图6-9　卧式千斤顶

液压千斤顶的特点：①轻巧、便宜；②无钢板结构，只有一个液压泵，安全性低；③起升速度慢，高度不够；④液压泵容易漏油，寿命短；⑤因为本体比较小，所以在较软路面容易下陷，影响使用。

4. 机械式千斤顶

机械式千斤顶（图6-10）又称剪式千斤顶，是国内各大汽车工厂的随车产品，操作原理各有不同。

机械式千斤顶的特点：①轻巧方便，经济实惠；②操作比较费力；③安全性低。

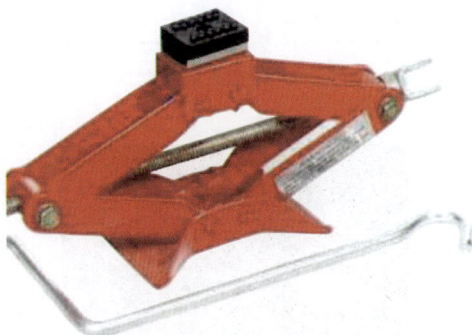

图 6-10　机械式千斤顶

任务实施

一、液压千斤顶的使用

示　意　图	操作提示
1. 固定车辆 	确保车辆已固定好，将档位置于驻车制动位置，以防止汽车前后晃动压倒千斤顶，发生危险
2. 放置千斤顶 	把千斤顶放置到车底卡槽部位，确保千斤顶接触面的平整和坚固
3. 旋紧油压阀 	按压前，确保油压阀顺时针拧不动

（续）

示　意　图	操　作　提　示
4. 按压千斤顶手柄	
	确保千斤顶放置安全后，上下按压手柄，车身会在短时间内匀速上升
5. 准备卸压	
	下降时，确保液压阀逆时针拧3圈，切记不能多拧
6. 旋松阀门，下降	
	将液压阀逆时针旋转3圈，活塞杆即会缓缓下降

二、机械式千斤顶的使用

示　意　图	操　作　提　示
1. 固定车辆	
	千斤顶一定要支撑在车身底盘的专用支撑点上，确保车辆已固定好。拉上驻车制动器，以防止汽车前后晃动，压倒千斤顶

（续）

示　意　图	操　作　提　示
2. 放置千斤顶	
	将千斤顶放置在需要支撑的位置，顺时针匀速摇动摇杆，使车轮离开地面
3. 卸压并下降车辆	
	下降时，逆时针匀速摇动摇杆，使车轮接触地面

注意事项

1）将车辆完全固定后再支起车。

2）千斤顶一定要在坚硬平整的路面上使用，如果是比较松软的地面，例如泥路或者沙土路面，在使用千斤顶之前建议用木板或者石板垫在千斤顶下面后再进行操作，这样可减小压强，以防千斤顶陷入松软的地面里。

3）千斤顶一定要支在底盘的支撑点上。

4）在举升千斤顶的过程中，用力要均匀，切忌过快或者用力过猛。

5）随车千斤顶仅用于常规更换轮胎或者检查悬架时的支撑，它不能代替举升机进行大幅度的维修工作，使用时严禁将身体或手臂探到车身下面，以免发生危险。

课后测评

一、填空题

1. 汽车千斤顶有_____、_____、_____和_____等类型。

2. _____利用电动机工作，依托汽车蓄电池作为动力来源，通过控制开关，自由、均匀、平稳地升降千斤顶机械部分，在汽车更换轮胎时省时省力，避免了传统千斤顶操作时的危险，操作方便、安全。

3. 电动千斤顶的特点：_____、_____、_____。

4. 汽车液压千斤顶是一种采用_____或_____作为刚性顶举件的千斤顶，它又分为_____和_____两种。

二、判断题

1. 千斤顶一定要在坚硬平整的路面上使用，如果是比较松软的地面，例如泥路或者沙土路面，在使用千斤顶之前建议用木板或者石板垫在千斤顶下面后再进行操作，这样可减小压强，以防千斤顶陷入松软的地面里。 （　　）

2. 千斤顶不一定要支在底盘的支撑点上。 （　　）

3. 在举升千斤顶的过程中，用力要均匀，切忌过快或者用力过猛。 （　　）

4. 随车千斤顶仅用于常规更换轮胎或者检查悬架时的支撑，它不能代替举升机进行大幅度的维修工作，使用时严禁将身体或手臂探到车身下面，以免发生危险。 （　　）

三、简答题

简述如何操作液压千斤顶。

任务三　　动平衡检测仪的使用

任务目标

1. 熟悉汽车动平衡检测仪的种类。
2. 掌握动平衡检测仪的操作方法和安全使用规则。

知识储备

轮胎平衡分为动态平衡和静态平衡两种。动态不平衡会使车轮摇摆，令轮胎产生波浪形磨损；静态不平衡会产生颠簸和跳动，使轮胎产生平斑现象。因此，定期检测平衡不但能延长轮胎寿命，还能提高汽车行驶时的稳定性，避免在高速行驶时因轮胎摆动、跳动失去控制而造成交通事故。汽车轮胎需要定期做动平衡检查，检查仪器为动平衡检测仪。

需要做动平衡的情况：①更换新胎或发生碰撞事故维修后；②前后轮胎单侧偏磨；③驾驶时转向盘过重或飘浮发抖；④直行时汽车向左或向右跑偏；⑤虽无以上状况，但出于维护目的的，建议新车在驾驶三个月后，每半年或10000km做一次动平衡检查。

汽车车轮做动平衡的主要优点：①增强驾驶舒适感；②减少汽油消耗；③延长轮胎使用寿命；④保证车辆的直行稳定性；⑤降低底盘悬架配件的磨损；⑥提高行驶的安全性。

任务实施

示　意　图	操　作　提　示
1. 轮胎充气，清理干净	
	将轮胎充到合适的气压，去除轮辋上的铅块，将轮胎花纹沟里的石子剔除干净，并将轮辋处理干净；轮胎安装面朝内装上平衡轴，选择合适的椎体，用锁紧装置将轮胎锁紧

（续）

示　意　图	操　作　提　示
2. 拉出尺子，测量输入 	把动平衡检测仪上的尺子拉出来进行测量，然后输入第一个控制器
3. 拿出弯尺，测量输入 	把弯尺拿出，测量轮辋宽度，同样在第二个控制器上输入
4. 输入轮辋直径，开始检测 	在控制器输入轮辋直径，并按下 START 键，开始进行检测

（续）

示 意 图	操 作 提 示
5. 检测结束，安装平衡块	
	当检测停止后，计算机会测量出轮辋内外侧需要增加的砝码重量（左侧显示的是轮毂内侧偏差，右侧是外侧偏差），先装外侧，转动轮胎，根据提示把砝码敲打上。在轮毂两边同时敲上与数值对应重量的平衡块（一个带扣的小锡块，上面标好了重量），但要注意，若左右分别显示10、15，就应同时在左右分别敲上重10和15的两个平衡块，而不能只在右侧敲一块重5的平衡块，那样是达不到要求的

注意事项

1）动平衡检测仪的主轴固定装置和就车式平衡检测仪的支架上都装有精密位移传感器和易碎裂的压电晶体传感器，因此，严禁冲击和敲打主轴或传感器支架。

2）在检修平衡检测仪时，传感器的固定螺栓不得任意松动。因为此螺栓不是一般的紧固件，而是由它向传感器提供必要的预紧力，当这一预紧力发生变化时，计算机计算过程将完全失准。

3）轮胎安装时定心要准，装夹要牢固，否则将会影响平衡精度。

4）开始平衡测试前，一定要检查台面上是否有工具、量具、平衡块等物品，防止其滑落到转轴上，造成安全事故。

课后测评

一、填空题

1. 轮胎平衡分为_____和_____两种。

2. _____会使车轮摇摆，令轮胎产生波浪形磨损。

3. _____会产生颠簸和跳动现象，使轮胎产生平斑现象。

二、简答题

1. 汽车在什么情况下需要做动平衡？

2. 如何给车轮做动平衡检测？

项目七

新能源汽车维修常用工具的使用

项目描述

正确利用各类新能源汽车维修常用工具和检测工具，对提高新能源汽车维修的质量、使用性能、安全性能和可靠性能起着重要的作用。本项目主要围绕新能源汽车维修常用工具、检测工具的选用和使用进行学习和训练。

任务一　新能源汽车维修绝缘防护套装的使用

任务目标

1. 熟悉绝缘防护套装的种类。
2. 掌握绝缘防护套装的应用场合。

知识储备

正确使用和选用新能源汽车绝缘防护套装在汽车维修和维护中发挥着至关重要的作用。绝缘防护套装是进行新能源汽车维修时的基本防护和保障，其是否穿戴到位直接决定维修人员的人身安全是否有保障。

一、绝缘防护套装的种类

在新能源汽车维修过程中，防止触电的个人防护设备主要是绝缘防护服（非化纤材质的衣服）、绝缘手套、绝缘鞋、护目镜以及绝缘地垫。绝缘防护套装如图7-1所示。

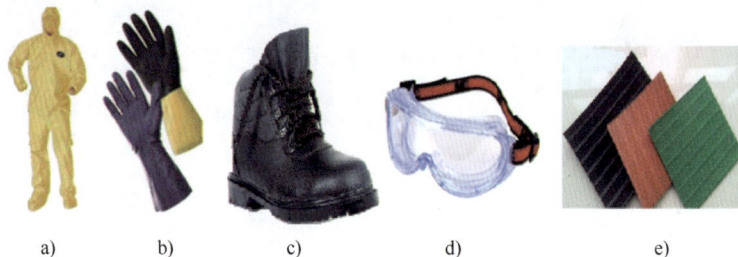

图 7-1　绝缘防护套装

a）绝缘防护服　b）绝缘手套　c）绝缘鞋　d）护目镜　e）绝缘地垫

二、绝缘防护套装的应用场合

1. 绝缘防护服

维修电动汽车高电压系统时，必须穿绝缘防护服，绝缘防护服可防 10000V 以下电压，阻燃、耐热、耐压、耐老化，可以保证操作人员工作安全。绝缘防护服如图 7-2 所示。

图 7-2　绝缘防护服

2. 绝缘手套

电工绝缘手套要求使用橡胶制成，并能够承受 1000V 以上的工作电压，具备抗碱性。绝缘手套如图 7-3 所示。

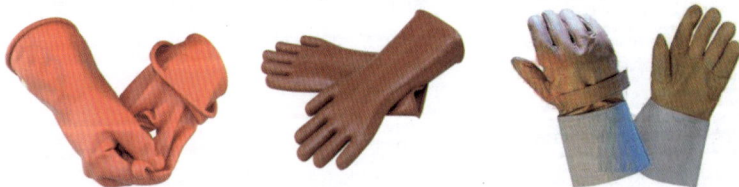

图 7-3　绝缘手套

3. 绝缘鞋

绝缘鞋的鞋底一般采用聚氨酯材料一次注射成型，具有耐油、防砸、防刺穿、耐磨、耐酸碱、绝缘、防水、轻便等优点。绝缘鞋底比普通橡胶底耐磨 2 ~ 3 倍，重量轻（仅为橡胶底的 50% ~ 60%）、柔软性好。绝缘鞋如图 7-4 所示。

图 7-4　绝缘鞋

4. 护目镜

戴上合适的眼部和足部的防护用具，可以防止电解液的飞溅对人的伤害。高电压车辆维修用的护目镜应该具有侧面防护功能，以防止维修过程中产生的电火花对眼睛的伤害。护目镜如图 7-5 所示。

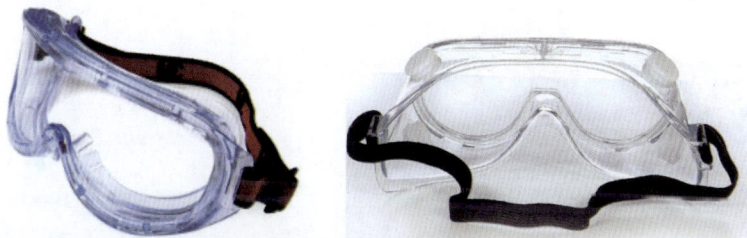

图 7-5　护目镜

5. 绝缘地垫

绝缘地垫广泛应用于新能源汽车维修、变电站、实验室以及野外带电作业等场合，它主要采用胶类绝缘材料制作，绝缘地垫上下表面应不存在有害的不规则性。有害的不规则性是指破坏均匀性、损坏表面光滑轮廓的缺陷，如有小孔、裂缝、局部隆起、切口、夹杂导电异物、折缝、空隙、凹凸波纹及铸造标志等。无害的不规则性是指生产过程中形成的表面不规则性。绝缘地垫如图 7-6 所示。

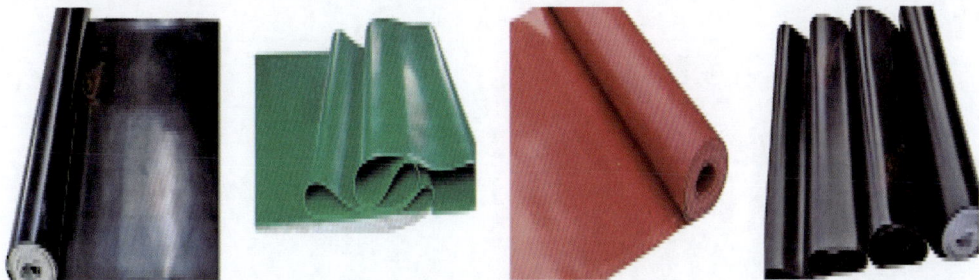

图 7-6　绝缘地垫

任务实施

示　意　图	操　作　提　示
1. 绝缘防护服的穿戴	
	1）使用前外观完好 2）储存在通风位置
2. 绝缘手套的穿戴	
	1）使用前外观完好 2）干净柔软
3. 绝缘鞋的穿着	
	使用前外观完好
4. 绝缘地垫的防护	
	使用前表面平整

注意事项

1）每次使用前应检查绝缘防护服、绝缘鞋是否在有效预防性试验周期内，外观是否完好。

2）穿用绝缘鞋时，工作环境应保持鞋面干燥。

3）穿用任何绝缘鞋均应避免接触锐器、腐蚀性和酸碱油类物质以及高温，防止鞋受到损伤而影响电绝缘性能。

4）在潮湿，有蒸气、冷凝液体或导电灰尘等容易发生危险的场所，尤其应注意配备合适的绝缘鞋，应按标准规定的使用范围正确使用，不得随意乱用。

5）绝缘防护服应保存在通风、透气、干燥、清洁的库房内；绝缘防护服水洗后，必须阴处晾干，折叠整齐。

课后测评

一、填空题

1. 维修电动汽车高电压系统时，必须穿绝缘防护服，绝缘防护服可防_____ V 以下电压。

2. 维修电动汽车高电压系统时，必须穿绝缘防护服，绝缘防护服可_____、耐热、_____、_____，可以保证操作人员工作安全。

3. 电工绝缘手套要求使用橡胶制成，并能够承受_____ V 以上的工作电压，具备抗碱性。

二、判断题

1. 绝缘鞋的鞋底一般采用聚氨酯材料一次注射成型，具有耐油、防砸、防刺穿、耐磨、耐酸碱、绝缘、防水、轻便等优点。　　　　　　　　　　　　　　　　（　　）

2. 绝缘鞋底比普通橡胶底耐磨 10～20 倍，重量轻（仅为橡胶底的 50%～60%）、柔软性好。　　　　　　　　　　　　　　　　　　　　　　　　　　　　（　　）

3. 戴上合适的眼部和足部的防护用具，可以防止电火花的飞溅对人的伤害。（　　）

三、简答题

1. 新能源汽车维修时的绝缘防护套装包括什么？

2. 简述绝缘地垫的应用场合。

任务二　新能源汽车维修拆装工具的选用及使用

任务目标

1. 熟悉新能源汽车维修拆装工具套装。

2. 掌握新能源汽车维修拆装工具的使用和选用要求。

知识储备

新能源汽车维修拆装工具在汽车维修维护中发挥着至关重要的作用，它是新能源汽车维修厂的必备工具，其产品性能、质量好坏直接决定维修人员的人身安全是否有保障。

一、新能源汽车拆装工具套装

在新能源汽车维修过程中，经常使用绝缘活扳手、万向绝缘扳手、绝缘螺钉旋具、绝缘电缆剥线刀、绝缘维修万用表等。新能源汽车拆装工具套装如图7-7所示。

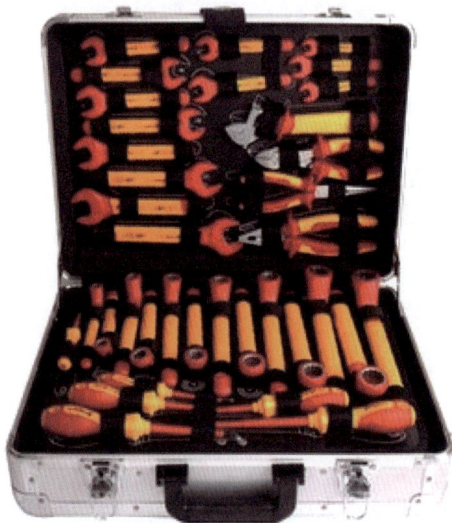

图7-7 新能源汽车拆装工具套装

二、新能源汽车拆装工具套装的应用场合

1. 绝缘活扳手

绝缘活扳手是一种用于紧固或旋松螺纹件的扳手工具，与普通活扳手结构相似。绝缘活扳手使用方便，同时覆盖有绝缘层，能带电作业，安全有保障。绝缘活扳手如图7-8所示。

2. 万向绝缘扳手

万向绝缘扳手主要由连接的扳手、万向棘轮、绝缘传动杆和摇动手柄等组成。万向绝缘扳手操作方便、安全可靠、可带电操作、传动较好、不费力，用其套筒卡螺栓时牢固可靠，可解决由于紧固螺栓松动导致的停电故障。万向绝缘扳手如图7-9所示。

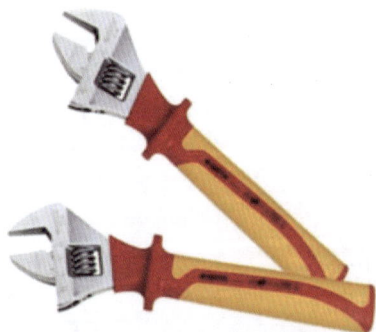

图7-8 绝缘活扳手

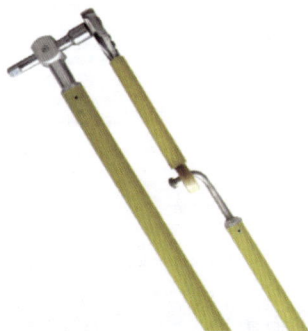

图7-9 万向绝缘扳手

3. 绝缘螺钉旋具

绝缘螺钉旋具手柄采用了防止滚动的结构；采用符合人体工程学的安全钳柄，提供了最佳的力矩传输；采用铬钒钢材料，经特殊淬火和退火处理，可带电操作，能进行新能源汽车的维修和维护操作。绝缘螺钉旋具如图 7-10 所示。

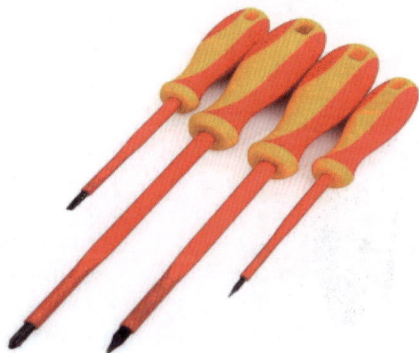

图 7-10　绝缘螺钉旋具

4. 绝缘电缆剥线刀

绝缘电缆剥线刀的刀身为条形片状，其刀身端头侧部开有凹缺，形成钩状刀头，在钩状刀头内沿开有切削刃，其刀柄为紧固套装在刀身尾部上的手柄。绝缘电缆剥线刀使用安全、方便携带、剥线质量好。绝缘电缆剥线刀如图 7-11 所示。

图 7-11　绝缘电缆剥线刀

5. 绝缘维修万用表

电动汽车维修过程中需要用仪表测试导通和断路，以确认高压电是否断开，常用的绝缘维修仪表有绝缘维修万用表，如图 7-12 所示。

图 7-12　绝缘维修万用表

任务实施

示　意　图	操　作　提　示
1. 绝缘活扳手的使用操作	
	1）所有使用的绝缘活扳手必须符合国家相关安全规定，其出厂合格证等相关资料应齐全完整 2）电工作业必须停电进行 3）绝缘活扳手是用于旋紧六角形、正方形头螺钉和各种螺母的工具。绝缘活扳手采用工具钢、合金钢或可锻铸铁制成，且其表面进行了绝缘处理 4）使用时应根据螺钉、螺母的形状、规格及工作条件选用规格相适应的绝缘活扳手
	绝缘活扳手操作注意事项： 1）绝缘活扳手开口尺寸可在一定的范围内调节，所以在开口尺寸范围内的螺钉、螺母一般都可以使用 2）不可用大尺寸的绝缘活扳手去旋紧尺寸较小的螺钉，这样会因拧紧力矩过大而使螺钉折断
2. 万向绝缘扳手的使用操作	
	1）金属套筒前端内侧为与螺栓头对应的正六角形 2）前后两个万向棘轮位于同一旋转轴线上，并且其棘齿交错咬合，两个万向棘轮通过各自轮轴上的U形固定臂连接为一体，固定臂通过中部的插孔套在万向棘轮的轮轴上，两个固定臂通过位于二者端部的两根螺栓连接，后面的万向棘轮与绝缘传动杆前端固定
3. 绝缘电缆剥线刀的使用操作	
	1）使用直刃破线，轻推，沿着破线位置来回摆动 2）使用弯刃破线，轻拉，沿着破线位置来回摆动 3）使用弯刃切削，朝外侧轻削，切割平整
	绝缘电缆剥线刀操作注意事项： 1）使用绝缘电缆剥线刀前，请一定要检查绝缘手柄外观，不能有裂纹、过深的划痕、变形、孔洞和裸露金属出现。如果出现上述情况，一定立刻停止使用 2）根据导线粗细请使用合适刃口大小的工具进行工作，工作时严禁用手触碰工具金属部位，严格按照工具说明书上给出的电压等级进行作业，不得超过额定最高电压等级 3）绝缘电缆剥线刀使用完毕后应存放在干燥通风处，建议悬挂在工具挂板上，避免与墙、地面等硬物接触，避免斜放

（续）

示　意　图	操　作　提　示
4. 绝缘维修万用表的使用操作	
	通常在电枢线圈短路、断路、搭铁时需要用绝缘维修万用表进行检测 　1）测试前，尽可能在不带电的电路上工作，采用适当的锁定/标记程序；若被测电路带电，应使用适当的个人防护用品和安全工具；摘掉所有首饰，并站在橡胶绝缘垫上 　2）测试时，请勿将绝缘万用表连接到带电导体或带电设备上，并严格遵守制造商的使用说明书；通过熔断器、开关或断路器关闭被测设备。锁定并标记被测设备；从被测单元断开支路导线、搭铁导线，以及所有其他设备；在测试前后，对电容器进行放电

注意事项

1）绝缘的拆装工具表面需带有绝缘材料将带电体隔离或包裹起来。

2）良好的绝缘是新能源汽车设备和电路运行的必要条件，也是防止触电事故、漏电、短路发生的重要保障。

3）绝缘材料还具有散热冷却、机械支撑和固定、储能、灭弧、防潮、防霉以及保护导体等作用。

4）新能源汽车涉及高压部分的零部件拆装必须使用绝缘拆装工具。

5）绝缘电阻表使用前应做开路和短路试验；测量电气设备的绝缘电阻时，必须先切断电源，然后将设备进行放电，以保证人身安全和测量准确。

课后测评

一、填空题

1. 绝缘活扳手是一种用于_____或_____螺纹件的扳手工具。

2. 万向绝缘扳手主要由连接的_____、_____、绝缘传动杆和_____等组成。

3. 绝缘电缆剥线刀使用安全、方便携带、_____。

4. 电动汽车维修过程中需要用仪表测试_____和_____，以确认高压电是否断开，常用的绝缘维修仪表有_____。

二、判断题

1. 绝缘活扳手使用方便，同时覆盖有绝缘层，不能带电作业，安全无保障。　（　　）

2. 万向绝缘扳手操作方便、安全可靠、可带电操作、传动较好、不费力，用其套筒卡螺栓时牢固可靠，可解决由于紧固螺栓松动导致的停电故障。　（　　）

3. 绝缘螺钉旋具手柄采用了防止滚动的结构；采用符合人体工程学的安全钳柄，提供了最佳的力矩传输；采用铬钒钢材料，经特殊淬火和退火处理，可带电操作。　（　　）

三、简答题

1. 列举新能源汽车维修拆装经常使用的工具。

2. 简述绝缘活扳手的操作注意事项。

参 考 文 献

［1］王立志. 汽车维修常用工量具使用［M］. 北京：人民交通出版社，2010.

［2］王怀建. 汽车维修常用工具及设备使用［M］. 北京：机械工业出版社，2009.